中国社会科学院经济研究所创新工程项目
"互联网新业态新组织模式研究"成果

中国社会科学院创新工程重大科研规划项目
"国家治理体系和治理能力现代化研究"成果

国家智库报告 2020（37）
National Think Tank

经 济

# 互联网新业态新组织模式研究

杜创　王泽宇　欧阳耀福　著

RESEARCH ON NEW INTERNET BUSINESS FORMATS
AND NEW ORGANIZATIONAL MODELS

中国社会科学出版社

## 图书在版编目(CIP)数据

互联网新业态新组织模式研究 / 杜创等著 . —北京：中国社会科学出版社，2020.10

（国家智库报告）

ISBN 978 - 7 - 5203 - 7506 - 1

Ⅰ. ①互… Ⅱ. ①杜… Ⅲ. ①互联网络—应用—新兴产业—产业发展—研究—中国 Ⅳ. ①F269.24 - 39

中国版本图书馆 CIP 数据核字（2020）第 229265 号

| 出 版 人 | 赵剑英 |
|---|---|
| 项目统筹 | 王 茵 |
| 责任编辑 | 黄 晗 |
| 责任校对 | 刘 娟 |
| 责任印制 | 李寡寡 |

| 出　　版 | 中国社会科学出版社 |
|---|---|
| 社　　址 | 北京鼓楼西大街甲 158 号 |
| 邮　　编 | 100720 |
| 网　　址 | http://www.csspw.cn |
| 发 行 部 | 010 - 84083685 |
| 门 市 部 | 010 - 84029450 |
| 经　　销 | 新华书店及其他书店 |

| 印刷装订 | 北京君升印刷有限公司 |
|---|---|
| 版　　次 | 2020 年 10 月第 1 版 |
| 印　　次 | 2020 年 10 月第 1 次印刷 |

| 开　　本 | 787×1092　1/16 |
|---|---|
| 印　　张 | 8.5 |
| 插　　页 | 2 |
| 字　　数 | 115 千字 |
| 定　　价 | 49.00 元 |

凡购买中国社会科学出版社图书，如有质量问题请与本社营销中心联系调换
电话：010 - 84083683
**版权所有　侵权必究**

**摘要**：近年来，中国互联网新业态新组织模式蓬勃发展，不断孕育经济发展新动能，增强了中国经济创新力和竞争力，也为经济学发展提供了新素材。本书从微观经济、产业组织角度尝试对这一现象做出理论概括，并提出政策建议。

本书分为相互连接的三个部分。

第一部分从整体上分析中国互联网普及进程的规律。互联网新业态新组织模式发展是互联网普及到一定阶段的产物。我们研究发现，中国互联网普及进程不是匀速的：在经历长达20年的相对缓慢增长后，2007—2010年中国互联网普及率出现了短期跳跃式增长，大幅度拉高了普及率，此后又逐步减速。本书基于网络经济学中网络外部性和临界容量的理论，对中国互联网普及进程的上述特征给出了理论解释，并使用经验数据检验了价格、收入等因素对互联网普及率突破临界容量的影响。还讨论了突破临界容量的区域机制，发现了各省区互联网普及率上的雁阵式跳跃现象。当前我国互联网发展已从高速增长阶段转向高质量发展阶段，就全国层面而言普及率的高速增长已不是重点，互联网对传统产业的升级改造、对社会各个领域的深度影响更值得关注。这是近年来互联网新业态新组织模式蓬勃发展的一个整体背景。

第二部分是关于互联网新业态的研究。本书研究了三种互联网新业态：互联网医疗、互联网众筹和跨境电子商务。三个案例各有侧重，分别涵盖了新业态的进入机制、平台运转机制和退出机制。

1. 互联网医疗的新商业模式及其痛点。多边平台模式与医疗行业结合，潜在可改进传统服务模式的效率，对整体经济也可望产生溢出效应。然而，当前中国互联网医疗发展面临两大痛点：一是医疗信任品与多边平台的兼容性问题，二是医生编制、以药养医等中国特殊医疗体制的障碍。这两大痛点又集中反映为互联网医疗平台准入面临的体制障碍。在分析基础上，我们就进一步推动"互联网+"，实现互联网医疗平台、互联网医院、线上药店、互联网医保完整衔接，提出了政策建议。

2. 互联网众筹平台声誉评价机制中社交行为的作用。在互联网技术和商业模式快速发展并日益成为消费产品主要创业渠道的背景下，互联网众筹平台公平、高效的声誉评价体系的建立无疑是创业投资者快速甄别创业者产品和服务质量、获取相关信息、实现市场良性竞争和市场出清的重要手段。但是，以简单的互联网评分和对投资产品后续评价为核心的原有互联网众筹声誉评价体系存在诸多技术漏洞，新的更为多样化、社交化的评价手段如创业者回复等被应用于相关互联网众筹平台。然而，这一区别于传统互联网服务和互联网众筹口碑体系的声誉机制尚未得到学术界的充分研究，尤其缺乏声誉评价中社交行为对创业者业绩的实证研究。本报告利用某B2B互联网众筹平台创业者相关数据进行了经验研究，证明了针对互联网众筹声誉评价的社交行为的正向创业业绩作用，并提出了相关的战略建议。

3. 跨境电商的退出机制问题。在国际商务实践中，中小企业国际市场进入的模式选择不尽相同，借助电子商务技术进行国际市场开拓的时间和阶段根据企业的特性与发展也有所不同。目前关于中小企业选择线上或线下经营的讨论多集中于进入电商平台原因、模式及发展的角度，然而对于中小企业为什么退出线上经营，以及中小企业是否会再次进入线上经营的问题并未被详细讨论。很明显的，不论是跨境电商，还是国内电商，销售者不可能是单向的线下转向线上的过程，也会有销售者由于各种原因选择坚持线下经营，从研究逻辑上，仅仅重视"上线"而忽视"下线"的各类企业和销售者是互联网新业态研究中的一大盲点。本书利用跨境电子商务数据，结合销售者跨境社会网络和国家之间制度、扩张方向等因素，分析互联网新业态的退出机制，从逻辑上完善整个互联网业态研究，同时在理论上将社会网络、扩张速度与扩张中的方向与制度条件相结合，为跨境电商理论提出重要的指导。

第三部分是关于互联网新组织模式的研究。互联网新业态层出不穷，但在企业组织模式上有相似之处，即大多采取了平台化企业组织架构。本书基于双边市场的视角，以平台企业的定价策略为中心线索，从理论层面深入分析互联网平台化企业组织模式的显著特征，厘清平台化组织模式与传统企业模式在定价策略、成长模式、产业结构、竞争方式和政策等方面的差异。结合平台企业的理论分析，我们接着梳理互联网平台企业在我国的兴起原因、特点与发展现状，进而详细论述平台化组织模式的运用在消费与零售、创新创业、就业和公共服务与社会保障等四个层面的重要作用，最后分析平台企业和平台经济在发展过程中面临的挑战，并据此提供相关政策建议。

**关键词**："互联网+"，互联网医疗，众筹，电商，平台

**Abstract**: In recent years, new Internet business formats and new organizational models have flourished in China, continuously nurturing new momentum for economic development, enhancing China's economic innovation and competitiveness, and providing new materials for economics. This report attempts to make a theoretical summary of this phenomenon from the perspective of microeconomics and industrial organization, and proposes policy recommendations.

This report is divided into three connected parts.

The first part analyzes the law of China's Internet popularization process, for the development of new Internet business formats and new organizational models is the product of the Internet's popularization to a certain stage. Our research has found that China's Internet penetration process is not uniform: after 20 years of relatively slow growth, China's Internet penetration experienced a short-term leap in 2007 – 2010, which greatly increased the penetration rate, and then gradually slow down. Based on the theory of network externalities and critical mass in network economics, this report provides a theoretical explanation for the above-mentioned characteristics of China's Internet penetration process, and uses empirical data to test the impact of price, income and other factors on the process of breaking through the critical mass on the Internet penetration rate. The regional mechanism for breaking through the critical mass was also discussed, and a phenomenon like geese jumping in the Internet penetration rate of various provinces was discovered. At present, the development of the Internet in China has shifted from a stage of high-speed growth to a stage of high-quality development. At the national level, the rapid growth of penetration rate is no longer the focus. The upgrading and transformation of traditional industries and the in-depth impact of the Internet on various fields of society deserve more attention. This is an overall background for the vigorous development of new Internet business formats and new organizational models in recent years.

The second part is about the research of the new business formats of the Internet. This report studies three new Internet formats: Internet healthcare, Internet crowdfunding, and cross-border e-commerce. The three cases have their own focus, covering the entry mechanism, platform operation mechanism and exit mechanism of the new business format respectively.

1. The new business model of Internet healthcare and its "pain points". The combination of the multilateral platform model and the medical industry can potentially improve the efficiency of the traditional service model and is expected to have spillover effects on the overall economy. However, the current development of Internet medical care in China is facing two major "pain points": one is the compatibility of medical credence goods and multilateral platforms, and the other is the obstacles of China's special health system such as the "Bianzhi" of physicians and the practice of charging more for drugs to make up for low prices for medical services. These two major "pain points" are again concentratedly reflected in the institutional obstacles faced by Internet healthcare platform access. We have further put forward policy recommendations on how to promote the "Internet +", to realize a good coordination among Internet health platforms, Internet hospitals, online pharmacies, and Internet health insurance.

2. The role of social behavior in the reputation evaluation mechanism of Internet crowdfunding platforms. In the context of the rapid development of Internet technology and business models, which increasingly become the main entrepreneurial channel for consumer products, the establishment of a fair and efficient reputation evaluation system for Internet crowdfunding platforms is undoubtedly a way

for entrepreneurial investors to quickly identify entrepreneurs' product and service quality and obtain relevant information, and is an important means to achieve healthy market competition and market clearing. However, the original Internet crowdfunding reputation evaluation system with simple Internet scoring and follow-up evaluation of investment products as the core has many technical loopholes, and new, more diversified and social evaluation methods such as entrepreneur's response are applied to the related Internet crowdfunding platform. However, this reputation mechanism, which is different from traditional Internet services and Internet crowdfunding word-of-mouth systems, has not been fully studied by academia, and there is a lack of empirical research on the performance of entrepreneurs in social behavior in reputation evaluation. In this report we use the relevant data of B2B Internet crowdfunding platform entrepreneurs from December 2017 to November 2018 to conduct empirical research, prove the positive performance effect of social behaviors for Internet crowdfunding reputation evaluation, and put forward relevant strategic suggestions.

3. The exit mechanism of cross-border e-commerce. In the practice of international business, the choice of modes for SMEs to enter the international market is different, and the timing and stage of international market development with the help of e-commerce technology are also different according to the characteristics and development of enterprises. At present, the discussion about the choice of online or offline operation for SMEs mostly focuses on the reasons, models and development of entering the e-commerce platform. However, why SMEs withdraw from online operations and whether SMEs will enter online operations again has not been discussed in detail. Obviously, no matter cross-border e-commerce or domestic e-commerce, it can-

not be a one-way process from offline to online for sellers. There will also be sellers who choose to stick to offline operations for various reasons. It is a big blind spot in the research of new Internet formats that pay only attention to "online" but ignore "offline" companies and sellers. In this report we use cross-border e-commerce data, combined with sellers' cross-border social networks, systems and expansion directions among countries, and other factors to analyze the exit mechanism of new Internet business formats, logically improving the entire research on Internet business formats, and theoretically combining social networks, the speed of expansion, the direction of expansion, and the institutional conditions to provide important guidance for cross-border e-commerce theory.

The third part is about the research on the new organization model of the Internet. New formats of the Internet are emerging in endlessly, but there are similarities in corporate organizational models, that is, most of them adopt a platform-based corporate organizational structure. Based on the perspective of the two-sided market, this report takes the pricing strategies of platform companies as the central clue, and analyzes the salient features of the Internet platform companies' organizational models from a theoretical level, and clarifies the differences between the platform's organizational model and the traditional corporate model in pricing strategies, growth models, and industry structure, competition methods and policies. Combining the theoretical analysis of platform companies, we then sort out the reasons for the rise, characteristics and development of Internet platform companies in China, and then discuss in detail the application of platform-based organization models in consumption and retail, innovation and entrepreneurship, employment, public services and social security. Finally, we analyze the challenges faced by platform enterprises and the platform economy in the development process, and provide relevant policy recommendations accordingly.

**Key words**: "Internet +", Internet Healthcare, Crowdfunding, E-commerce, Platform

# 目　录

**一　中国互联网普及进程的经济学分析** ……………………（1）
　（一）引言：中国互联网普及的三个阶段 ……………………（1）
　（二）中国互联网普及进程的理论解释 ……………………（4）
　（三）临界容量的经验分析 ……………………………………（8）
　（四）结论与政策启示 …………………………………………（17）

**二　互联网医疗：新商业模式及其痛点** ……………………（21）
　（一）引言 ………………………………………………………（21）
　（二）互联网医疗的新商业模式 ………………………………（22）
　（三）新商业模式的经济效率 …………………………………（27）
　（四）痛点之一：医疗信任品与多边平台的兼容性
　　　　问题 ………………………………………………………（31）
　（五）痛点之二：医生编制、以药养医等医疗体制
　　　　障碍 ………………………………………………………（34）
　（六）结论与政策建议 …………………………………………（37）

**三　互联网众筹：声誉机制研究** ……………………………（39）
　（一）引言 ………………………………………………………（39）
　（二）理论基础与研究假设 ……………………………………（41）
　（三）数据来源 …………………………………………………（44）
　（四）变量设计 …………………………………………………（45）

（五）回归结果 …………………………………………（47）
　　（六）结论与启示 ………………………………………（51）

**四　跨境电商：退出动因研究** ……………………………（54）
　　（一）引言 ………………………………………………（54）
　　（二）理论构建 …………………………………………（57）
　　（三）数据和方法 ………………………………………（67）
　　（四）实证分析 …………………………………………（72）
　　（五）结论、建议与研究展望 …………………………（81）

**五　互联网平台化企业组织模式** …………………………（85）
　　（一）引言 ………………………………………………（85）
　　（二）平台企业的理论分析——双边市场视角 ………（88）
　　（三）中国平台企业发展概述 …………………………（96）
　　（四）平台企业发展面临的挑战和对策 ………………（107）

**参考文献** ……………………………………………………（112）

**后　记** ………………………………………………………（122）

# 一 中国互联网普及进程的经济学分析

## （一）引言：中国互联网普及的三个阶段

中国经济已由高速增长阶段转向高质量发展阶段。"互联网＋"正成为经济发展新动能，受到各界关注。当此时点，回顾中国互联网发展历程，从整体上把握其阶段性特征和规律，检讨政策得失，明晰发展中的区域差异，有助于进一步推动互联网健康发展，为整体经济持续提供动能。

1986年，中国第一封电子邮件从北京发往国外，揭开了中国人使用互联网的序幕[①]。三十余年来中国互联网普及的进程，

---

[①] 中国第一封电子邮件何时发出？学界有争议。一种说法是：1986年8月25日，瑞士日内瓦时间4点11分24秒（北京时间11点11分24秒），中国科学院高能物理研究所的吴为民在北京710所的一台IBM-PC机上，通过卫星链接，远程登录到日内瓦CERN一台机器VXCRNA王淑琴的账户上，向位于日内瓦的Steinberger发出了一封电子邮件。参见中国互联网络信息中心官网《1986—1993年互联网大事记》，http：//www.cnnic.net.cn/hlwfzyj/hlwdsj/201206/t20120612_27414.htm。另一种说法是：1986年，北京市计算机应用技术研究所实施的国际联网项目——中国学术网（Chinese Academic Network，CANET）启动，其合作伙伴是德国卡尔斯鲁厄大学（University of Karlsruhe）。1987年9月，CANET在北京计算机应用技术研究所内正式建成中国第一个国际互联网电子邮件节点，并于9月14日发出了中国第一封电子邮件："Across the Great Wall we can reach every corner in the world.（越过长城，走向世界）。"参见中国互联网协会官网《中国互联网发展史（大事记）》，http：//www.isc.org.cn/ihf/info.php？cid=218。

大致可以划分为三个阶段。

1. 起步阶段：1986—2006年。在这二十年中，互联网从零起步，增长相对缓慢，尤其是1986—1994年尚处于探索期。1994年中国科学院、北京大学、清华大学主导的中关村地区教育与科研示范网络（NCFC）实现了与Internet的全功能连接，中国从此被国际上正式承认为真正拥有全功能Internet的国家。此后各类网站如雨后春笋般出现。但互联网普及率年增加不超过2个百分点，到2006年互联网普及率才刚刚突破10%，上网人数年增量也在3000万人以下。

2. 高速增长阶段：2007—2013年，互联网普及率为10%—45%。这一阶段，互联网普及率快速增加。尤其是2007—2010年，互联网普及率增加到34.1%，比2006年增长23.7个百分点，年均增加近6个百分点；从绝对量上看，上网人数年增量

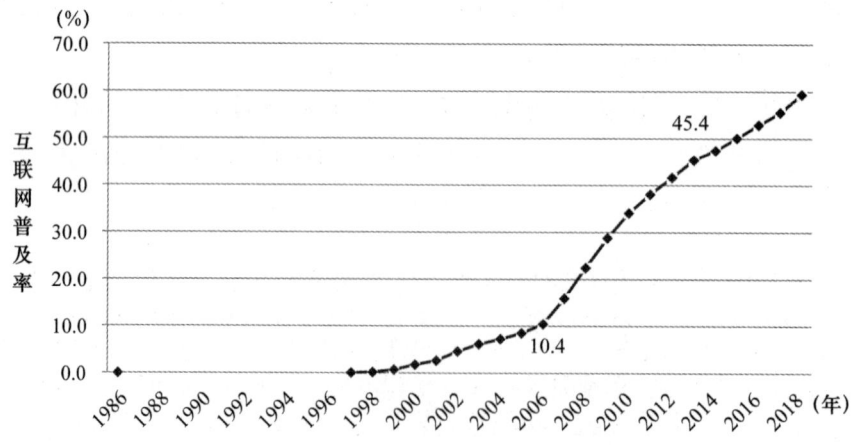

图1-1　中国互联网普及率（1986—2018年）

注：图1-1计算的数据与CNNIC直接报告的普及率数据略有差异，因CNNIC在实际计算普及率时使用的年末总人口不是当年的，而是用上年年末总人口代替。

资料来源：互联网普及率系作者根据下列公式计算：互联网普及率＝互联网上网人数/当年年末总人口。互联网上网人数来自中国互联网络信息中心（CNNIC）相关年份《中国互联网络发展状况统计报告》，CNNIC从1997年开始中国互联网络发展状况调查，因此之前数据缺乏。年末总人口来自历年中国统计年鉴。

从不足 3000 万人跳跃到 7000 万人以上。2011—2013 年略放缓，但普及率年均增长仍接近 4 个百分点；上网人数年增 5000 万人以上。

3. 转向高质量发展阶段：2014 年至今，互联网普及率为 45% 以上，互联网上网人数达到 6 亿人以上。互联网普及率年增 2—3 个百分点，上网人数年增量回落到 3000 万—5000 万人。这一阶段，互联网发展的最突出特征不是高速增长，而是各类"互联网＋"应用层出不穷，出现了移动支付、网约车、共享单车、共享住宿、网上叫外卖、互联网医疗、在线教育等各种新业态新模式。在大规模网民存量基础上，互联网对社会经济生活的影响向纵深发展。

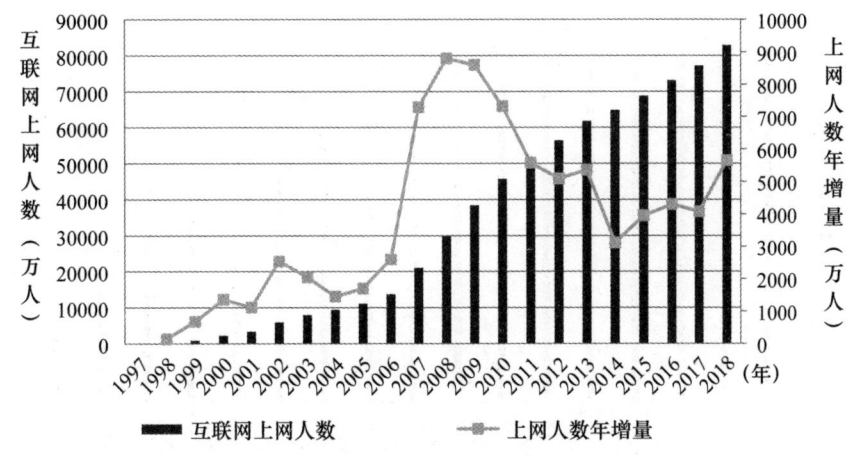

图 1-2　中国互联网上网人数及年增量（1997—2018 年）
资料来源：根据中国互联网络信息中心（CNNIC）相关年份《中国互联网络发展状况统计报告》提供的数据汇总制图。

虽然有巨大的网民规模（当前已超过 8 亿人），但与发达国家 75% 以上的普及率相比，中国的互联网普及率并不算高；即使在周边发展中国家也非最高（图 1-3）。

中国互联网普及进程的阶段划分表明过去三十多年中国互联网的发展不是匀速的。互联网普及率从 0 到 10%，用了 20 年

（1986—2006年）；从10%到20%，仅用了2年（2006—2008年）；从20%到30%，从30%到40%也只分别用了2年（2008—2010年；2010—2012年）。在经历长达20年的相对缓慢增长后，2007—2010年中国互联网普及率出现了短期、跳跃式增长，大幅度拉高了普及率，此后又逐步减速。互联网从高速增长到高质量发展的轨迹与中国经济增长的整体路径一致，但同中有异，互联网在高速增长阶段表现为更短时间内更具爆发性的跳跃式增长。这样的轨迹带给我们一些问题，这些问题需要从理论上做出解释。为什么中国互联网普及进程呈现出上述特点？尤其是为什么在2007年前后出现了跳跃？跳跃式增长的机制是什么？跳跃时机的影响因素是什么？

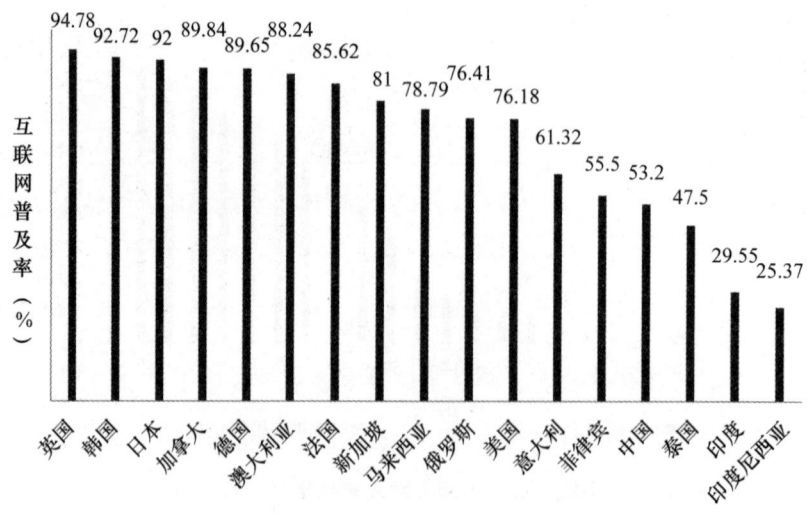

图1-3 部分国家互联网普及率（2016年）

资料来源：《2017中国通信年鉴》第460页。

## （二）中国互联网普及进程的理论解释

学术界已有一些关于中国互联网普及率变动的研究。例如，基于滤波模型对中国互联网普及率的时间序列分析及预测（李苍祺、鲁筠，2016）；利用面板数据研究中国互联网普及的空间差异及其影响因素（王敏、王琴梅、万博，2018）；等等。这些研究使用了成熟的计量经济学模型，分析工具足够复杂，但是都没有提到互联网普及进程的前述跳跃式特征，也就谈不上解释其理论机制。

中国互联网普及进程轨迹可以近似看作"S"形曲线。据罗杰斯在《创新的扩散》一书中的考证，早在20世纪初法国学者Tarde就发现了创新的扩散曲线呈"S"形；罗杰斯（2016）还进一步研究了创新扩散过程的各个侧面，包括"临界容量"（Critical Mass），指出当采用百分比达到10%—20%，人际网络开始发力后，采用者数量开始"起飞"并迅速扩散至大多数（罗杰斯，2016）。不过该书没有定量表达扩散的理论机制和动态过程，也没有系统表明哪些因素会影响"临界容量"的大小；10%—20%的起飞点也只是经验数值。

我们认为，有必要进一步考虑互联网行业的特殊性——网络外部性——对其发展进程的影响。外部性是经济学的重要概念，指一个经济主体的生产或消费直接影响到另一个经济主体的效用。网络外部性是外部性的一种特殊形式，即一个人得自某种商品的效用取决于消费这种商品的其他消费者数量。例如电话，消费者需要电话相互联系。如果其他消费者没有电话，则任一消费者购买电话毫无意义。显然，互联网服务也是具有网络外部性的服务。接入互联网的经济主体数量越大，任一个体接入互联网可获得的服务就越多。

当存在网络外部性时，需求曲线和市场均衡有一些特点，尤其是网络外部性会产生正反馈，导致多重均衡。Rohlfs（1974）最早注意到网络外部性导致的正反馈问题，他发现，如果某种网络产品使用者很少，它将没有价值，从而没有人想要他。如果有足够多的使用者，这种产品就变得有价值了，则会有更多的人使用它，从而使得它更有价值。由于正反馈效应，就存在一个关键的消费者群体规模，只要达到这个规模，正反馈效应就会使得需求量加速扩张；小于这个规模，则需求可能逐渐萎缩。经济学称这个规模为"临界容量"（Critical Mass）。

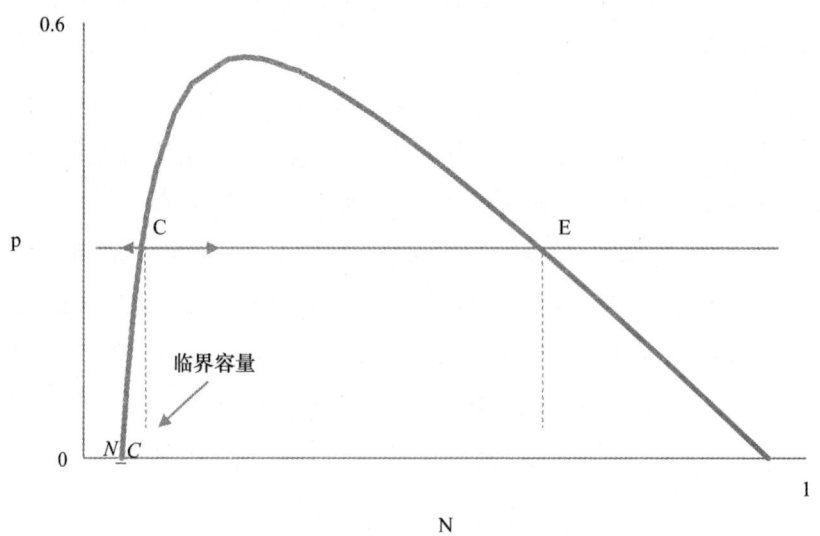

图1-4　存在网络外部性时的需求曲线

资料来源：Rohlfs, J., "A Theory of Interdependent Demand for a Communications Service", *Bell Journal of Economics*, Vol. 5, No. 1, 1974.

如图1-4所示，网络外部性使得对网络产品的需求曲线在一定范围内是向上倾斜的。即随着加入网络的消费者数量增大，网络对新加入消费者的价值将增大，从而消费者的边际支付意愿会提高。达到某个顶点之后，网络产品需求曲线才会返回通常的向下倾斜阶段。由于预期的重要性，在任何特定的价格p之下，实际上有三个交易量都可能成为网络产品市场均衡。一是需求量为0。如果某个消费者预期其他人不会加入网络，则自己也不会加入；当每个消费者都持有此种预期时，预期将自我实现。二是价格线与需求曲线向下倾斜部分的交点（E点）。三是价格线与需求曲线向上倾斜部分的交点（C点）。交点C对应的市场规模$N_c$即临界容量。第三个均衡点C是不稳定的：当市场规模大于临界容量时，将进入正反馈阶段，市场规模越来越大，一直达到稳定均衡点；当市场规模小于临界容量时，将陷入反向循环，市场规模越来越小，一直萎缩到0点。我们将上述逻辑总结为结论1。

结论1（Rohlfs，1974）：网络外部性导致临界容量存在，当网络人数超过临界容量后，网络人数短期内将迅速大幅度增加，之后逐渐收敛。

网络外部性和临界容量模型可以较好地解释互联网普及进程中的跳跃现象。当然，模型抽象掉了很多现实因素。当网络人数低于临界容量时，由于市场环境一直在变动，网络人数不一定会立即萎缩到0，更可能的是在低位徘徊。范里安在其新版微观经济学教科书中讨论网络外部性和临界容量时，总结了带网络外部性商品的消费者数量可能增长路径：起始于零点，随着时间的推移，会出现一些微小的扰动；最初，与网络联系的用户数量很少，用户数量只会随着成本降低而逐渐增加；当达到某个临界容量，网络才会急剧膨胀（范里安，2014）。

在Rohlfs之后网络经济学的发展中，临界容量和均衡稳定性问题较少引起关注[1]。Economides和Himmelberg（1995）尝试运用网络外部性解释20世纪80年代中后期美国传真机市场的爆发式发展[2]。Evans和Schmalensee（2010）重新做了一些理论探讨，研究了直接网络外部性时和双边市场条件下的临界容量和动态调整问题。总之，Rohlfs、Economides和Himmelberg，以及Evans和Schmalensee的模型为我们分析互联网行业的临界容

---

[1] Katz和Shapiro（1985、1986）考察了寡头垄断模型中网络外部性的影响，但其关注重点已不是临界容量问题。网络经济学早期文献综述参见：Katz, M.和C. Shapiro（1994）。

[2] 该文发现，在相当长的一段时期内，对传真机的需求是小规模的；但到20世纪80年代中期，传真机的价格大幅度下跌，需求急剧上升。

量及其决定因素提供了基本框架，不难得到进一步的结论①。

结论2：上网费用（p）降低，则临界容量变小。

结论3：平均收入水平（y）提高，则临界容量变小。

结论2从直觉上不难理解。参考图1-4，当价格线向下移动时，价格线与需求曲线的第一个交点（C点）会向左移动，$N_c$减小，即临界容量变小。结论3的直觉是，平均收入水平提高相当于需求曲线整体向上移动，从而需求曲线与既定价格线的第一个交点（C点）也会向左移动，$N_c$减小。

## （三）临界容量的经验分析

### 1. 突破临界容量的影响因素

从互联网普及率的角度看，大致可以认为10%是临界容量。但是临界容量大小受什么因素影响？为什么跳跃发生在2007年？上节我们提出两个理论预测：上网费用的降低可降低临界容量（价格效应）；平均收入水平的提高可降低临界容量（收入效应）。即上网费用降低和平均收入水平提升有助于突破临界容量。这些预测是否与实际观测吻合？

（1）价格效应。2006—2007年，网络资费确实大幅度降低了。CNNIC调查表明：2006年6月，中国自费网民平均每月上网花费仍维持在102元，半年之后大幅度下降到83.5元，到

---

① 严格来说，将上述模型应用到互联网行业还应考虑行业特性，即使用互联网服务对消费者文化水平和操作技能提出了一定的要求，这使其区别于电话、传真等一般的具有网络外部性的产品；同时考虑到中国作为发展中国家的现实，收入效应很重要。附录在考虑到这些特征的基础上，基于 Economides, N. and C. Himmelberg 和 Evans, D. and R. Schmalensee，构建了一个更适用于互联网行业的参数化模型，可在此基础上严格证明结论2和结论3。但结论1、2、3所反映的机制具有一般性，并不依赖于附录中所设置的特殊模型参数。

2007年6月进一步降低到75.1元，一年之内下降幅度达到1/4。此后又逐步趋于平稳（图1-5）。

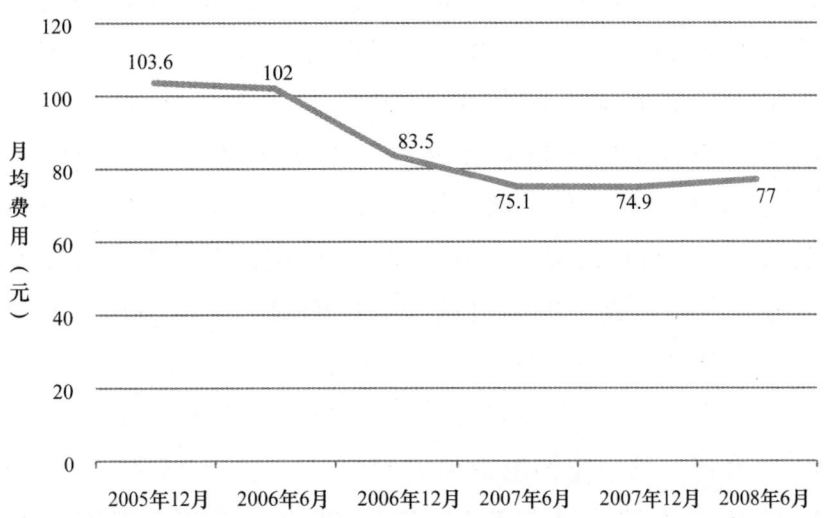

图1-5　中国自费网民平均每月上网花费（2005—2008年）
注：仅限于上网接入费用及上网电话费，不包括使用网络服务的费用。
资料来源：CNNIC。

这次大幅度降费的背景是2005年电信价格管制方式的改变，更远则可追溯到20世纪90年代中期以来的电信体制持续改革促进了市场竞争。2005年9月，信息产业部、国家发展和改革委员会联合发出《关于调整部分电信业务资费管理方式的通知》，决定从当年10月1日起，国内长途电话通话费、国际长途电话以及台、港、澳地区的电话通话费、移动电话在国内的漫游通话费和固定电话本地网营业区间通话费实行资费上限管理。电信资费由政府定价改为上限管制，是继放开IP电话价格后，国家第二次大规模放开基础电信资费市场。这次改革标志着国内电信资费改革日益走向市场化。互联网接入属于增值电信服务，自然也受到其影响。

从20世纪90年代中期开始的电信体制改革就是一个不断引

入竞争、打破行政垄断、促进政企分开的过程。1994年，中国联通公司成立。1998年，国务院信息产业部成立，标志着中国电信业走向政企分开。原隶属于中国电信总局的中国移动通信集团和国信寻呼正式分离出来，2000年5月，中国电信和中国移动集团挂牌成立。2000年12月，中国铁路通信公司成立。2002年5月，中国电信南北分家，北方10省区市的中国电信（京、津、晋、冀、鲁、豫、黑、吉、辽、蒙）、中国网通和吉通组成新的中国网通集团，南方21省区市的中国电信继续使用原名称。至此形成了中国电信、中国网通、中国移动、中国联通、中国卫通、中国铁通六家基础电信企业竞争格局。①

电信体制改革效果是明显的。2000年，全国互联网用户1601.7万户，其中中国电信用户1565万户，占97.7%；中国吉通用户36.7万户，仅占2.3%②。2006年，全国互联网宽带接入用户5189.9万户，其中中国电信3000.3万户，占57.8%；中国网通用户1639万户，占31.6%，中国铁通314万户，占6.1%；同年互联网拨号用户尚有2642万户，其中中国电信1107.3万户，占41.9%③。中国电信在互联网接入服务中一家

---

① 2008年，工业和信息化部、国家发展和改革委员会、财政部联合发布《关于深化电信体制改革的通告》，决定以发展第三代移动通信（3G）为契机重组电信市场竞争格局，发放三张3G牌照，支持形成三家拥有全国性网络资源、实力与规模相对接近、具有全业务经营能力和较强竞争力的市场竞争主体。这轮重组力图形成相对均衡的电信竞争格局，结果是中国电信收购中国联通CDMA网（包括资产和用户），中国联通与中国网通合并，中国卫通的基础电信业务并入中国电信，中国铁通并入中国移动。由此，基础电信企业竞争格局变为中国移动、中国电信、中国联通三家并立。3G商用之后，移动互联网快速发展起来。与台式电脑相比，通过手机上网更加便捷、简单，也促进了互联网普及率快速上升。

② 数据来自信息产业部：《2000年通信业发展统计公报》。

③ 数据来自信息产业部：《中国信息产业年鉴（通信卷）》（2006年）。

独大的局面已不复存在。

（2）收入效应。图1-6显示了1998年以来中国GDP增长率与上网人数年增量在波动趋势上的一致性。尤其是2004—2007年中国GDP出现了连续四年10%以上的高速增长，2007年更是达到顶点——14.2%。这是最近二十年唯一一段GDP增速超过10%的时期。经济快速增长推动了居民收入的大幅度上升，网络消费变得更加可以负担了。

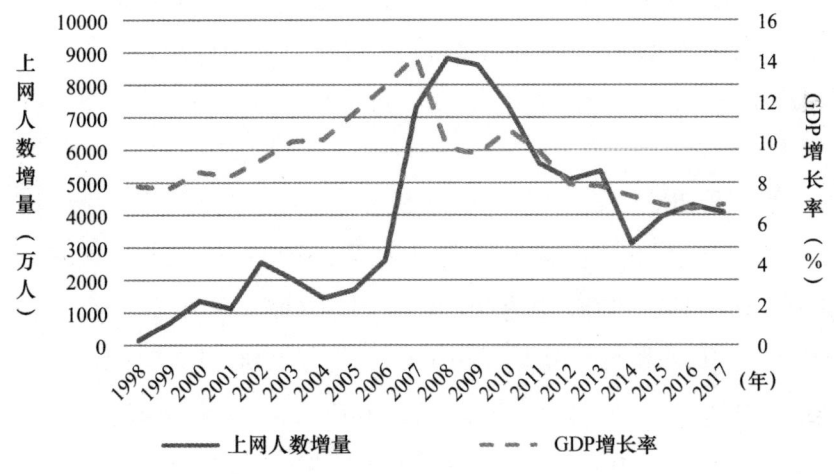

图1-6　中国GDP增长率与上网人数年增量（1998—2017年）

资料来源：GDP增长率来自历年《中国统计年鉴》，上网人数年增量来自CNNIC。

综上可见，2007年前后GDP高速增长，上网费用大幅度下降，这两个因素同时作用，使得中国互联网普及率顺利跨过临界容量，进入跳跃式增长阶段。

## 2. 突破临界容量的区域机制

全国范围总体看，2007—2010年互联网普及率实现了跳跃式增长。这种增长在各地是同时发生的吗？我们进一步分析了各省区市互联网普及率的变动，发现一个规律性现象：雁阵式分批次跳跃。具体来说，各省区市跳跃增长年份并不相同，从全国看，分2007年、2008年和2009年（及之后）三批开始跳跃；约1/4省区市没有发生跳跃式增长。每个省区市跳跃增长一般仅1—2年，但由于雁阵式、分三批次实现跳跃，因此全国总体维持了四年的超高速增长。

2007—2010年全国互联网普及率年均增加6个百分点。当考虑各省区市时，我们将标准略提高1个百分点，即某省区市互联网普及率当年增加7个百分点以上时，我们就称该省区市出现了跳跃式增长。以此标准，我们发现全国各省区市实际分三批跳跃：第一批2007年，第二批2008年，第三批2009年及之后①。

第一批2007年：三大发动机，包括北京、东南沿海区域（从上海到广东）、新疆。以北京为例，2005年，北京互联网普及率为28.7%，2006年为30.4%，仅增加1.7个百分点；但是2007年互联网普及率猛增到46.6%，比2006年增加16.2个百分点；2008年再跨一个台阶，达到60%，比上年增加13.4个百分点。2009年为65.1%，仅比2008年增加5.1个百分点，此后一直趋于平稳，年增量均不超过5个百分点，2016年达到77.8%。上海、广东、江苏、浙江、福建、新疆也经历了类似的过程，大部分是连续增长两年，增长幅度在每年10个百分点以上（详见表1-1）。不过江苏的跳跃发生在2007年（9.6个百分点）和2009年（8.7个百分点）。新疆除2007年、2008年连续两年增长10个百分点左右；2010年较上年再度跳跃增长10.4个百分点，2011年后趋于平缓。

---

① 2009年之后只有两例，即西藏2010年，宁夏2012年，因此我们将其与2009年合并。

表1-1　第一批跳跃省区的各年份互联网普及率（2005—2016年）（单位:%）

| 年份 | 北京 | 上海 | 广东 | 江苏 | 浙江 | 福建 | 新疆 |
|---|---|---|---|---|---|---|---|
| 2005 | 28.7 | 26.6 | 17.9 | 10.6 | 15.0 | 11.3 | 6.4 |
| 2006 | 30.4 | 28.7 | 19.9 | 13.7 | 19.9 | 14.6 | 7.7 |
| 2007 | 46.6 | 45.8 | 35.9 | 23.3 | 30.3 | 24.3 | 17.7 |
| 2008 | 60.0 | 59.7 | 48.2 | 27.3 | 41.7 | 38.5 | 27.1 |
| 2009 | 65.1 | 62.0 | 50.9 | 36.0 | 47.9 | 45.2 | 27.5 |
| 2010 | 69.4 | 64.5 | 55.3 | 42.8 | 53.8 | 50.9 | 37.9 |
| 2011 | 70.3 | 66.2 | 60.4 | 46.8 | 56.1 | 57.0 | 40.4 |
| 2012 | 72.2 | 68.4 | 63.1 | 50.0 | 59.0 | 61.3 | 43.6 |
| 2013 | 75.2 | 70.7 | 66.0 | 51.7 | 60.8 | 64.1 | 49.0 |
| 2014 | 75.3 | 71.1 | 68.5 | 53.8 | 62.9 | 65.1 | 50.3 |
| 2015 | 76.5 | 73.1 | 72.4 | 55.5 | 65.3 | 69.6 | 54.9 |
| 2016 | 77.8 | 74.1 | 74.0 | 56.6 | 65.6 | 69.7 | 54.9 |

资料来源：根据中国互联网络信息中心（CNNIC）相关年份《中国互联网络发展状况统计报告》提供的数据汇总制表。

第二批2008年：第一批中距离北京较近的天津、河北、山西、辽宁、山东、陕西，同第一批东南沿海区域的海南，距离新疆较近的青海，典型模式仍是连续跃升两年（2008年、2009年）。例如山东2008年互联网普及率为21.2%，比上年增加7.7个百分点；2009年进一步跃升到29.4%，比上年增加8.2个百分点。但2010年后增加幅度回落。天津2007年互联网普及率为26.7%，2008年跃升到43.5%，一年之间增加16.8个百分点；但从2009年开始增幅即回落。

表1-2　第二批跳跃省区的各年份互联网普及率（2005—2016年）（单位:%）

| 年份 | 天津 | 河北 | 山西 | 辽宁 | 山东 | 海南 | 重庆 | 陕西 | 青海 |
|---|---|---|---|---|---|---|---|---|---|
| 2005 | 22.4 | 7.1 | 8.1 | 8.8 | 10.8 | 8.4 | 6.1 | 8.5 | 5.4 |
| 2006 | 24.9 | 9.2 | 11.3 | 11.4 | 12.2 | 14.1 | 7.9 | 10.6 | 6.8 |

续表

| 年份 | 天津 | 河北 | 山西 | 辽宁 | 山东 | 海南 | 重庆 | 陕西 | 青海 |
|---|---|---|---|---|---|---|---|---|---|
| 2007 | 26.7 | 11.1 | 15.9 | 18.3 | 13.5 | 17.2 | 12.7 | 13.9 | 11.0 |
| 2008 | 43.5 | 19.2 | 24.1 | 26.5 | 21.2 | 25.6 | 21.2 | 21.1 | 23.6 |
| 2009 | 48.0 | 26.4 | 31.2 | 37.0 | 29.4 | 28.6 | 28.3 | 26.5 | 27.7 |
| 2010 | 52.7 | 31.2 | 36.5 | 44.4 | 35.2 | 35.1 | 34.6 | 34.3 | 33.6 |
| 2011 | 55.6 | 36.1 | 39.3 | 47.8 | 37.8 | 38.9 | 37.0 | 38.3 | 36.9 |
| 2012 | 58.5 | 41.5 | 44.2 | 50.2 | 40.1 | 43.7 | 40.9 | 41.5 | 41.9 |
| 2013 | 61.3 | 46.5 | 48.6 | 55.9 | 44.7 | 46.4 | 43.9 | 45.0 | 47.8 |
| 2014 | 61.4 | 49.1 | 50.6 | 58.8 | 47.6 | 47.6 | 45.7 | 46.4 | 50.0 |
| 2015 | 63.0 | 50.5 | 54.2 | 62.2 | 48.9 | 51.6 | 48.3 | 50.0 | 54.5 |
| 2016 | 64.6 | 53.3 | 55.5 | 62.6 | 52.9 | 51.6 | 51.6 | 52.4 | 54.5 |

资料来源：根据中国互联网络信息中心（CNNIC）相关年份《中国互联网络发展状况统计报告》提供的数据汇总制表。

第三批2009年及之后：第一批中距离北京再远一点的内蒙古、吉林、黑龙江、河南、湖北，都是从2009年开始跳跃增长，其中内蒙古、湖北持续两年，其他省份持续仅一年。距离第一批新疆较近的甘肃、西藏、宁夏则稍微复杂一点，其中甘肃2009年开始跳跃增长，西藏2010年开始，宁夏则推迟到2012年才开始；而且这三个省区的跳跃增长都只持续一年。

表1-3 第三批跳跃省区的各年份互联网普及率（2005—2016年）（单位:%）

| 年份 | 内蒙古 | 吉林 | 黑龙江 | 河南 | 湖北 | 甘肃 | 西藏 | 宁夏 |
|---|---|---|---|---|---|---|---|---|
| 2005 | 4.9 | 7.4 | 8.3 | 4.1 | 7.7 | 4.8 | 3.3 | 5.4 |
| 2006 | 6.7 | 10.0 | 9.6 | 5.5 | 9.3 | 5.9 | 5.8 | 7.0 |
| 2007 | 13.4 | 15.9 | 12.5 | 10.2 | 12.4 | 8.4 | 12.7 | 10.1 |
| 2008 | 16.0 | 19.0 | 16.2 | 13.7 | 18.4 | 12.5 | 16.4 | 16.6 |
| 2009 | 23.8 | 26.6 | 23.9 | 21.3 | 25.7 | 20.4 | 18.6 | 22.8 |
| 2010 | 30.8 | 32.2 | 29.5 | 25.5 | 33.3 | 24.8 | 27.9 | 28.0 |
| 2011 | 34.6 | 35.2 | 31.5 | 27.5 | 37.2 | 27.4 | 29.9 | 32.8 |
| 2012 | 38.9 | 38.6 | 34.7 | 30.4 | 40.1 | 31.0 | 33.3 | 40.3 |

续表

| 年份 | 内蒙古 | 吉林 | 黑龙江 | 河南 | 湖北 | 甘肃 | 西藏 | 宁夏 |
|---|---|---|---|---|---|---|---|---|
| 2013 | 43.9 | 42.3 | 39.5 | 34.9 | 43.1 | 34.7 | 37.4 | 43.7 |
| 2014 | 45.7 | 45.2 | 41.7 | 36.9 | 45.3 | 36.8 | 39.4 | 45.1 |
| 2015 | 50.3 | 47.7 | 44.5 | 39.2 | 46.8 | 38.8 | 44.6 | 49.3 |
| 2016 | 52.2 | 50.9 | 48.1 | 43.4 | 51.4 | 42.4 | 46.1 | 50.7 |

资料来源：根据中国互联网络信息中心（CNNIC）相关年份《中国互联网络发展状况统计报告》提供的数据汇总制表。

按照至少有一年增长7个百分点的标准，还有7个省区没有发生跳跃。这些省区都分布在南方内陆地区，包括安徽、江西、湖南、广西、四川、贵州、云南（表1-4）。如果我们将跳跃增长的标准稍微降低一点，改为至少增长6个百分点以上，则湖南（2009）、广西（2009）、四川（2009）、云南（2010）各有一次达标，但仍没有省份连续两年都增加6个百分点以上。不过这期间，安徽在2009年增加5.6个百分点，江西在2007年增加5.2个百分点，贵州在2008年增加5.5个百分点，均为各自历史上的高幅增长。可见，南方7个省区也发生了一定程度的快速增长，只是没有其他地区显著。

表1-4　无明显跳跃省区的各年份互联网普及率（2005—2016年）（单位:%）

| 年份 | 安徽 | 江西 | 湖南 | 广西 | 四川 | 贵州 | 云南 |
|---|---|---|---|---|---|---|---|
| 2005 | 4.3 | 4.4 | 5.2 | 6.7 | 7.0 | 2.8 | 5.5 |
| 2006 | 5.5 | 6.6 | 6.4 | 8.0 | 8.4 | 3.8 | 6.2 |
| 2007 | 9.6 | 11.8 | 10.9 | 11.9 | 9.9 | 6.0 | 6.8 |
| 2008 | 11.8 | 14.0 | 15.7 | 15.4 | 13.6 | 11.5 | 12.1 |
| 2009 | 17.4 | 18.0 | 22.0 | 21.1 | 20.1 | 15.1 | 18.6 |
| 2010 | 22.7 | 20.2 | 27.3 | 25.2 | 24.4 | 19.8 | 22.3 |
| 2011 | 26.6 | 24.4 | 29.5 | 29.4 | 27.7 | 24.2 | 24.8 |
| 2012 | 31.3 | 28.5 | 33.3 | 34.2 | 31.8 | 28.6 | 28.5 |
| 2013 | 35.9 | 32.6 | 36.3 | 37.9 | 35.1 | 32.9 | 32.8 |

续表

| 年份 | 安徽 | 江西 | 湖南 | 广西 | 四川 | 贵州 | 云南 |
|---|---|---|---|---|---|---|---|
| 2014 | 36.9 | 34.1 | 38.6 | 39.4 | 37.3 | 34.9 | 35.1 |
| 2015 | 39.4 | 38.7 | 39.9 | 42.8 | 40.0 | 38.4 | 37.4 |
| 2016 | 44.3 | 44.6 | 44.4 | 46.1 | 43.6 | 43.2 | 39.9 |

资料来源：根据中国互联网络信息中心（CNNIC）相关年份《中国互联网络发展状况统计报告》提供的数据汇总制表。

总体上来看，北方梯次跳跃的现象比较明显，且大体上遵循了从中心（北京或新疆）向外围逐步辐射的模式；南方则除了东南沿海外，跳跃增长现象不明显。跳跃增长具有持久影响：发生跳跃的顺序与今天互联网普及率高低正相关，没有发生跳跃的省区在全国互联网普及率排名上处于倒数位置（见表1－5）。

表1－5　各省区市互联网普及率跳跃增长年份和2016年普及率

| 普及率排名 | 地区 | 2016年普及率（%） | 跳跃增长年份 | 普及率排名 | 地区 | 2016年普及率（%） | 跳跃增长年份 |
|---|---|---|---|---|---|---|---|
| 1 | 北京 | 77.8 | 2007 | 17 | 重庆 | 51.6 | 2008 |
| 2 | 上海 | 74.1 | 2007 | 18 | 湖北 | 51.4 | 2009 |
| 3 | 广东 | 74 | 2007 | 19 | 吉林 | 50.9 | 2009 |
| 4 | 福建 | 69.7 | 2007 | 20 | 宁夏 | 50.7 | 2012 |
| 5 | 浙江 | 65.6 | 2007 | 21 | 黑龙江 | 48.1 | 2009 |
| 6 | 天津 | 64.6 | 2008 | 22 | 广西 | 46.1 | — |
| 7 | 辽宁 | 62.6 | 2008 | 23 | 西藏 | 46.1 | 2010 |
| 8 | 江苏 | 56.6 | 2007 | 24 | 江西 | 44.6 | — |
| 9 | 山西 | 55.5 | 2008 | 25 | 湖南 | 44.4 | — |
| 10 | 新疆 | 54.9 | 2007 | 26 | 安徽 | 44.3 | — |
| 11 | 青海 | 54.5 | 2008 | 27 | 四川 | 43.6 | — |
| 12 | 河北 | 53.3 | 2008 | 28 | 河南 | 43.4 | 2009 |
| 13 | 山东 | 52.9 | 2008 | 29 | 贵州 | 43.2 | — |

续表

| 普及率排名 | 地区 | 2016年普及率（%） | 跳跃增长年份 | 普及率排名 | 地区 | 2016年普及率（%） | 跳跃增长年份 |
|---|---|---|---|---|---|---|---|
| 14 | 陕西 | 52.4 | 2008 | 30 | 甘肃 | 42.4 | 2009 |
| 15 | 内蒙古 | 52.2 | 2009 | 31 | 云南 | 39.9 | — |
| 16 | 海南 | 51.6 | 2008 | | | | |

注："—"表示无跳跃增长。

资料来源：根据中国互联网络信息中心（CNNIC）相关年份《中国互联网络发展状况统计报告》提供的数据汇总制表。

## （四）结论与政策启示

中国互联网发展史可谓网络经济学理论的一个典型案例。互联网普及进程经历了三个阶段：（1）1986—2006年为相对缓慢增长的起步阶段；（2）2007—2013年（尤其是前四年）为跳跃式增长；（3）2014年之后增速放缓。我们发现已有网络经济学理论模型经过适当参数化之后，可以解释中国互联网普及进程的上述特点：网络外部性使得互联网普及率在突破临界容量之后正反馈效应越来越强，加速增长；向稳定均衡点的收敛则导致了最终的减速。价格管制方式改变引起的上网费用大幅下降、国民收入快速增长等因素共同促成了2007年前后高速增长临界点的出现。

本章分析带给我们一些启示。

第一，趋向市场化的政策对中国互联网发展起到了重要作用。2007年前后突破临界容量，实现跳跃式增长，一个直接推动因素就是价格管制方式的改变，即电信资费由政府定价改为价格上限管制，电信运营商之间的价格竞争直接导致了互联网上网费用的大幅度下降。

第二，当前我国互联网发展已从高速增长阶段转向高质量发展阶段，就全国层面而言普及率的高速增长已不是重点，互联网对传统产业的升级改造、对社会各个领域的深度影响更值得关注，其中待解决的体制机制问题也更为复杂。例如，互联网正在医疗、教育等领域掀起一场革命，可望极大提高服务效率，增加居民公平获得优质医疗和教育的机会；但也挑战了传统医疗、教育模式，其健康发展不可避免受到既得利益、某些法规制度的阻碍。体制机制问题不解决，就可能发生速度降下来了、质量却提不上去的现象，届时"从高速增长转向高质量发展"的期待就可能变成"从高速增长转到低速增长乃至停滞"的局面。

第三，本章数据分析也发现了突破互联网普及率临界容量的区域机制，即各省区市互联网普及率上的雁阵式跳跃现象，现有网络经济学理论对此尚无解释，值得进一步探究。不过这已启示我们，对特定省区市而言，尤其是互联网普及率未经历明显跳跃、至今仍低于45%的部分中西部省区，如何突破临界容量实现跳跃式增长仍是关键问题。沿着本章思路或可得到一些启示，即在各个方面降低居民个体获取互联网服务的成本。

**本章附录　网络外部性与临界容量的参数化模型**

关于网络外部性和临界容量的理论模型，除早期 Rohlfs 之外，主要包括两篇文章。一是前引 Economides 和 Himmelberg 的文章，该文设定消费者对 1 单位网络产品的支付意愿为 $U = yh(N^e)$，其中 $y$ 为代表消费者异质性的指标，$N^e$ 为对网络容量的预期，$h(.)$ 是 $N^e$ 的某个增函数；因此当消费者选择加入价格为 p 的网络时，其获得的净效用为 $U = yh(N^e) - p$，该文没有考虑接入网络成本的个人差异，即 $\theta_i$。由于该文主要应用案例是传真机，使用传真并不需要复杂的知识，因此其设定是合适的。二是 Evans 和 Schmalensee 的文章，该文设定的效用函数为 $U_i = V_i(N | \alpha_i) - \theta_i - p$，其中 $V(.)$ 是增函数，$\alpha_i$ 是消费者对网络外部性的敏感程度。该文同时考虑了消费者接入网络平台的货币成本 p 和非货币成本 $\theta_i$，但是没有考虑消费者收入变

量，从而忽略了收入效应。将该模型中的 $\alpha_i$ 解释为收入变量并不合适，因为该处效用函数设定是典型的拟线性效用，收入变量 $y$ 应和价格 $p$ 处于可相互替代的位置，即写作 $U_i = V_i(N\mid \alpha_i) - \theta_i - p + y_i$。

将 Economides 和 Himmelberg（1995），Evans 和 Schmalensee（2010）的模型略作修改，考虑到互联网行业特性（个体成本差异）和中国作为发展中国家的现实，收入效应很重要，可设置如下参数化模型。设消费者加入互联网，可获得效用为：

$$U = (y - \theta_i - p) s N^e$$

其中 $y$ 为消费者收入水平，$p$ 为运营商收取的互联网接入费用，$N^e$ 为预期的互联网普及率水平，$N^e \in [0, 1]$。这个效用函数体现了互联网服务的两个基本特征：一是 $N^e$ 项体现了网络外部性，$s > 0$ 表明网络外部性可利用程度的大小。二是 $\theta_i$ 表明在统一的市场价格之外，每个消费者为加入互联网还要承担个人成本，且该成本因人而异。例如，在移动互联网普及之前，使用互联网需要会基本的电脑知识以及拼音知识。对许多消费者而言，这是难以逾越的障碍，或需要接受培训。而另一些消费者，如教育程度较高的消费者则无须承担这部分成本。

消费者若不接入互联网，则获得保留效用 $U = \underline{u}y$，其中 $\underline{u} > 0$ 为外生参数。因此，当且仅当下式成立时，消费者 $i$ 选择接入互联网：

$$(y - \theta_i - p) s N^e \geq \underline{u} y$$

消费者异质性主要体现在接入互联网的个人成本 $\theta_i$，假设 $\theta_i$ 服从 $[0, \bar{\theta}]$ 上的均匀分布，即其分布函数 $F(\theta) = \theta/\bar{\theta}$。则由上述不等式可得：

$$\theta_i \leq y - p - \frac{\underline{u}y}{sN^e} = \tilde{\theta}$$

$\tilde{\theta}$ 代表了临界消费者的类型，其在上网与不上网之间无差异。实际的市场需求 N 为：

$$N = F(\theta) = \begin{cases} 0 & if\ y - p - \dfrac{uy}{sN^e} < 0 \\ \dfrac{\left[y - p - \dfrac{uy}{sN^e}\right]}{\bar{\theta}} & if\ y - p - \dfrac{uy}{sN^e} \in [0, \bar{\theta}] \\ 1 & if\ y - p - \dfrac{uy}{sN^e} > \bar{\theta} \end{cases}$$

均衡时预期自我实现，$N = N^e$，从而 $N = N^e = 0$ 是均衡解之一。若均衡的 N 为非零解，则 $N = \left[y - p - \dfrac{uy}{sN^e}\right] / \bar{\theta}$ 可得反需求曲线：

$$p = y - \bar{\theta}N - \frac{uy}{sN}$$

给定市场价格 $p$，由上式可以解出两个均衡。

$$\bar{\theta}sN^2 - (y-p)sN + uy = 0$$

$$N = \frac{(y-p) \pm \sqrt{(y-9)^2 - 4\bar{\theta}uy/s}}{2\bar{\theta}}$$

有解的条件：$(y-9)^2 \geq 4\bar{\theta}uy/s$，即 $p < y - \sqrt{4\bar{\theta}uy/s}$。假设参数使得上述解存在。Rohlfs 等的研究已经表明，三个均衡解中 0 点和最大的解都是稳定的，即当 N 发生小的扰动时，预期和实际市场规模之间的调整仍可回到原均衡点；中间的解则不稳定，当 N 发生微小扰动，预期和实际市场规模之间的调整会收敛到最小或最大均衡点。据此我们可以给出临界容量的定义。

临界容量（Critical Mass）：给定价格和消费者收入条件下的不稳定均衡点，即

$$N_c = \frac{(y-p) - \sqrt{(y-9)^2 - 4\bar{\theta}uy/s}}{2\bar{\theta}}$$

可见，临界容量并不是固定数，而是依赖于一系列参数，尤其是价格水平。将 $N_c$ 视作 $y$ 和 $p$ 的函数，求偏导数即可证明结论 2 与结论 3。

# 二 互联网医疗：新商业模式及其痛点

## （一）引言

近年来，政府高度重视互联网和大数据对经济社会发展的积极作用，已出台了一系列推动"互联网+"的政策，尤其2018年《国务院办公厅关于促进"互联网+医疗健康"发展的意见》（国办发〔2018〕26号），鼓励医疗机构应用互联网等信息技术拓展医疗服务空间和内容，构建线上线下一体化医疗服务模式。网上诊断模式自此获得正式的政策加持。然而在医疗健康领域，"互联网+"新业态的发展仍面临不少体制机制障碍，成熟商业模式的探索尚处于进行时。

本章从商业模式角度总结了发达国家和中国互联网医疗的发展经验，以新商业模式及其经济效率分析为基础，聚焦"互联网+医疗健康"发展中面临的痛点。从商业模式角度看，互联网医疗有复杂的多边平台结构，平台是多产品（服务）提供者，充分利用交易各方之间的交叉外部性设计最优价格结构以实现利润最大化。借助价格结构设计，平台不仅可以促进医患互动，实现大规模与个性化共存，提高医疗行业本身的效率；还连接着第三方企业，形成对整体经济溢出效应的通道。高效率的商业模式依赖于一系列制度安排，包括市场准入、价格机制、隐私权安排和知识产权制度等。基于商业模式分析可以发现，中国互联网医疗发展面临两大痛点：一是医疗信任品与多边平台的兼容性问题，二是医生编制、以药养医等中国特殊医疗体制的障碍。最后，我们就进一步推动"互联网+"，实现互联网医疗平台、互联网医院、线上药店、互联网医保完整衔接，提出了政策建议。

## （二）互联网医疗的新商业模式

互联网医疗的商业模式本质上是多边平台。最近十几年来产业经济学的新进展——平台经济学或多边市场理论（Caillaud 和 Jullien，2003；Armstrong，2006；Hagiu，2006；Rochet 和 Tirole，2003、2006；Weyl，2010），使我们可以分析平台的商业模式。所谓平台，简单说就是市场交易的物理场所或促进市场交易的媒介。最原始的平台是农村集市或城市菜市场。"互联网+"创造了新型市场场所，为普通交易双方提供平台。就这一点，互联网平台和许多传统的市场平台并没有本质区别，只不过是抽象意义上的集市；但是互联网平台在形式上的确发生了变化，即从物理空间变成了虚拟空间，随之而来的是一系列改变。例如，典型的互联网医疗平台具有多边（三边或以上）结构，即为三类以上的交易方提供服务，而非普通集市那样的双边结构（双边指普通交易的买方和卖方）；平台每一侧能够容纳更多参与者，而不局限于特定物理空间范围，甚至可突破时间限制；电子信息技术带来的数据收集、处理能力使得互联网平台能够更有效发掘平台各方之间的正外部性并为其定价；等等。

基于平台经济学总结互联网医疗的多边平台商业模式，可发现以下几个特征。

第一，互联网医疗平台是多产品（服务）提供者，非传统意义上的医疗机构。

以在线诊疗领域的典型代表 Teladoc 为例。美国互联网医疗公司 Teladoc 成立于 2002 年，2015 年在纽约交易所上市，其主要业务是为病人提供远程问诊服务，但同样有复杂的多边平台结构，连接着医生、患者、医师协会、企业、保险公司等。大部分个体客户经由雇主企业成为 Teladoc 会员，接入平台。会员可通过电话、移动设备和网络视频随时随地向平台网络上的执业医师和行为健康专家咨询问诊。在平台上提供问诊服务的医生并不是其雇员。Teladoc 仅与独立中介机构 Teladoc Physicians, P. A. 签订服务协议，后者是执业医师组成的专业联合会。Teladoc P. A. 再直接雇佣医生或者与医生签约，为 Teladoc 提供医学专业服务；还购买 Teladoc 的管理服务以协助自身业务运作。在和保险公司的合作方面，一是 Teladoc 和 Teladoc P. A. 分别为平台上的医生购买医疗责任险；二是 Teladoc 获得的订阅收费中，一部分是雇主通过保险公司运作的 Administrative Services Only（ASO）项目支付的。

美国互联网医疗公司 Practice Fusion 成立于 2005 年，起初只是一家电子病历服务商，专为医疗人员提供在线电子病历；2013 年后逐渐发展为提供多产品服务的多边互联网平台，包括面向医生的在线电子病历，面向患者的门诊预约服务，附着在电子病历上的广告服务，以及面向医药企业、行业分析师和金融分析师等的数据分析服务。

图 2-1 总结了主流的互联网医疗多边平台结构。出于可视性和简洁性考虑，我们以三边平台结构为代表，突出在医生、患者之外第三方企业的接入。其他企业类型可能多种多样，从而出现四边平台、五边平台。当然也有一些平台只是双边的（如表 2-1 中的 ZocDoc），但不是主流形式。

第二，互联网医疗平台有特殊的价格结构。

平台作为多产品（服务）提供者，其收益是对普通交易中买方和卖方收费的总和，但价格结构很重要；因为交易成本或

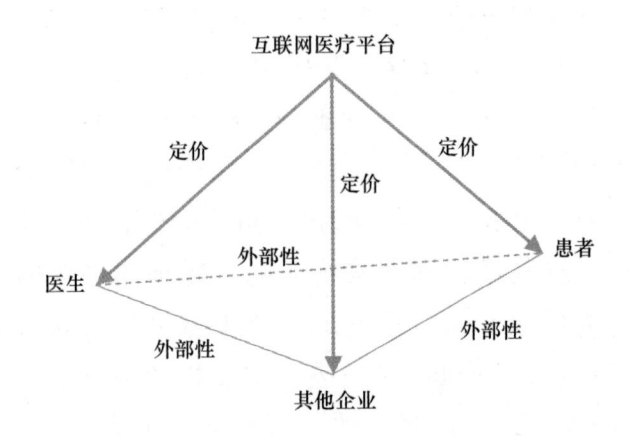

图2-1 "互联网+医疗"的多边平台模式

管制约束,交易各方很难像转嫁税收那样转嫁费用(Rochet 和 Tirole,2006)。表2-1列示了部分互联网医疗平台的价格结构。

表2-1 部分互联网医疗平台的价格结构

| 平台名称<br>(建立时间) | 服务内容 | 成本端(免费/补贴/较少收费) | 收入端(收费) |
| --- | --- | --- | --- |
| Teladoc<br>(2002) | 在线诊疗 | 医生、患者 | 公司客户 |
| Practice Fusion<br>(2005) | 在线电子病历系统、医生预约、医疗数据分析 | 医生、患者 | 广告商、大数据分析用户(医药企业、行业分析师、金融分析师等) |
| ZocDoc<br>(2007) | 医生预约服务 | 个体患者 | 医生:＄250/月;2014年5月雇主付费服务 |
| 23andMe<br>(2006) | 基因检测、数据分析 | 个体消费者:基因检测费用＄99/次 | 使用大规模基因数据的公司 |

资料来源:根据相关平台官网数据汇整制作。

在线诊疗公司 Teladoc 的营业收入中约八成为固定收入(订阅收费 Subscription Access Fees),二成为按次收费(Visit Fee Revenue)。订阅收费主要来自两方面:第一是企业的直接付费,第二是企业通过保险公司运作的 ASO 项目来付费。ASO 通常是雇主为雇员所设立的一笔专项基金，用于短期伤残福利、医疗补充福利等。保险公司在 ASO 中的作用主要是经办服务，不过为了控制风险，ASO 合同中雇主通常会设定赔付上限，称为"止损条约"（Stop-Loss Arrangement）；超过上限的部分由保险公司支付，雇主为此需支付给保险公司一笔保费。目前，Teladoc 经办项目"止损条约"的上限为10000美元。这样的模式类似于平台向雇主按人头收费，实际发生的医疗服务就是平台成本而非盈利来源。Teladoc 每两周通过现金或者支票的方式给平台上的医疗服务供应商支付费用。此外，Teladoc 和 Teladoc P. A. 分别为平台上的医生购买医疗责任保险：Teladoc P. A. 提供的保险单次最高额度为100万美金，总额为300万美金；Teladoc 提供的保险单次最高额度为500万美金，总额也是500万美金。

　　Practice Fusion 价格结构特点是对医生和患者免费，主要收入来源为广告和数据分析服务。ZocDoc 免费为个体患者提供预约医生的服务，但医生要接入平台需每月缴纳250美金的月费。23andMe 为个体消费者做基因检测，收费并不高（$99/次），其盈利点在于作为检测结果的大规模基因数据，许多制药公司愿意为获得这些数据付费。

　　第三，平台不是一般意义上的多元化企业，接入平台的各方之间存在交叉外部性；其最优价格结构设计的重要依据是充分考虑各方之间的正外部性，实现交叉补贴。

　　Practice Fusion 价格结构的形成经历了逐渐摸索的过程。最初 Practice Fusion 仅提供电子病历服务，并尝试向医生收费（$300/月），但医生群体并不买账。2009年美国政府颁布法案，规定医生2015年之前使用电子病历系统可获得奖励，否则将罚款。Practice Fusion 顺势推出免费电子病历系统，条件是医生同意将系统生成的电子病历所有权让渡给公司，一下子打开了局面。后又推出免费医生预约服务及收费的数据分析服务。这里面的交叉外部性是很明显的：免费开通预约服务，不仅吸引了患者，也使得更多医生愿意加入到平台上来；加入系统的医生越多，Practice Fusion 就越被广告商看重，而且 Practice Fusion 的大规模电子病历数据库对医药企业有着直接的价值，使新药研发与临床需求更好对接。这是知识密集型服务业推动工业企业提高效率的直接表现。据报道（黄佳，2016），2015 年 4 月 Practice Fusion 与 Epatientfinder 合作，建立了美国最大的临床试验网络，允许供应商使用 EMR 了解新的临床试验，挑选适合患者。

比较 ZocDoc 和 Practice Fusion 的医生预约服务尤其给人启发（参见表 2-1）。ZocDoc 在 2007 年即开展医生预约服务，其商业模式是对个体患者免费，对医生收费（＄250/月），这样的价格结构对双边平台公司有其合理性。Practice Fusion 推出的预约服务产品（Patient Fusion）对医生和患者都免费；固然有竞争市场份额的考虑，但能做到这一点则得益于 Practice Fusion 是多边平台公司，能够通过对广告商和大数据分析用户收费以实现盈利。

发掘正外部性降低价格的另一个典型是基因检测公司 23andMe。成立之初，23andMe 只是一家"单边市场"公司，仅提供基因检测服务，对个体消费者收费也比较昂贵，单次检测费用高达 999 美元。随着逐渐意识到基因数据对新药研发的巨大价值，建设数据库销售基因数据成为 23andMe 的重要业务，基因检测价格也随之降到了 99 美元。

Teladoc 的在线诊疗服务并不是直接吸引海量患者，而是和雇主企业合作，主要由雇主付费。普通门诊方面，许多雇主企业已经有保险公司经办的 ASO 项目了，Teladoc 如何额外创造价值呢？据 Teladoc 招股说明书介绍，其在业界首先使用了一套行为分析和预测模型以更好地理解会员行为。该预测模型能够识别最常使用平台、最可能借助平台改进绩效的会员，并以此作为平台信息传递的基础，从而增加了会员互动的频率与丰富性。

此外，还使用保险偿付数据、保险计划设计及其他工具影响行为。这些都需要海量数据支撑，不是单个雇主企业或单个 ASO 的规模量级可以解决的。

## （三）新商业模式的经济效率

从经济学角度，可将医疗服务的特征概括为三个要点：服务业属性、正外部性和信息不对称（知识型服务业）。

第一，医疗属于服务业，具有传统服务业的一些共性，例如生产和消费在空间上不可分离，生产要素（劳动力）与消费者直接接触；生产过程是劳动密集型的，难以大规模复制等。与制造业对比立即可以看出其差别。物质产品制造业，其生产可以在 A 地，销售在 B 地，生产和销售在时间、空间上都是分离的；而且生产往往是资本密集型的，可以借助现代机器大工业大规模复制，几乎没有生产能力的限制。制造业的生产要素——工人，与最终的消费者并无直接接触。医疗服务则不具有制造业的这些性质。一般而言，医疗服务提供的过程（生产）就是消费的过程，患者和医生在同一时间、同一地点实际接触。劳动密集型的方式使得每个医生在单位时间内能够服务的患者数量是有限的，即有很明显的拥挤效应。

第二，医疗服务提供过程会产生正外部性。医疗不只是普通的服务业，政策制定者和公众经常把医疗服务看作"公益性服务"。"翻译"成学术话语，即正外部性，或更准确地说是"正的消费外部性"。如果一个消费者直接关注另一个经济行为人的生产或消费，我们就说这种经济情形包含了消费外部性（消费外部效应）[1]。外部性可能是正的，也可能是负的。负外

---

[1] 另一种是生产外部效应，即一个厂商的生产可能性受到另一个厂商或消费者选择的影响。

部性的典型例子是污染，医疗服务则有正的外部性。传染病免疫接种会对其他消费者产生正外部性，因为免疫接种者不太可能携带病菌。公共卫生服务的这种正外部性比较明显，其实基本医疗服务也有正外部性。社会中广泛存在慈善之心，大多数人愿意拿出部分收入去帮助受到疾病折磨的人，尤其是帮助受到疾病折磨的穷人（富兰德、古德曼和斯坦诺，2001）。

第三，医疗属于知识型服务业，服务提供者与接受者信息不对称。医生提供的服务从性质上说属于专家服务。患者不同于普通消费者，其决策通常限于是否需要就医、是否接受指定的诊疗（根据支付能力等），但并不清楚什么样的诊疗是必需的；医院（医生）则拥有疾病诊断和治疗的相关知识。医疗服务中的信息不对称还是多维的，即除了"信任品"问题之外，还存在如何激励医生付出努力的问题。"信任品"问题（诱导需求）和是否付出努力是两个问题：某些医疗机构的医生可能很努力，认真接诊，中午不休息、周末加班；但是他可能在开大处方、过度医疗。

医疗服务的上述三点性质决定了医疗服务提供中面临的基本问题。首先，服务业属性使得医疗的生产和消费在空间上往往不可分离，医疗机构具有很强的地域性特征，而且是劳动密集型的，效率相对低下。其次，公益性服务存在正外部性，个体决策往往不会顾及对他人的外部性。再次，医疗服务中信息不对称问题造成对相关经济主体激励的困难（Dulleck 和 Kerschbamer，2006；Holmstrom 和 Milgrom，1991）。

传统技术条件下，无论政府直接提供还是市场供给模式，都不能有效解决上述问题，也影响了效率的提高。美国医疗领域是充分市场化的，民营非营利医疗机构是市场供给主体；然而医疗卫生费用已经占到 GDP 的 19%，Medicare（美国联邦政府举办的老年医疗保险）的一系列控费措施助推了互联网医疗的迅速发展（Wang 和 Jacobson，2015）。

互联网医疗能够更好地适应需求面变动，根本原因在于其更高的经济效率。对应医疗服务提供中面临的三个基本问题，"互联网+"提升效率的机制也可以概括为三个方面。

第一，"互联网+"使生产和消费在空间上分离，促进大规模供需匹配。借助于移动APP，医生可以决定什么时间、在哪里提供医疗服务。比如在常规办公时间之外，或者在办公时间内的非高峰阶段，甚至在外度假时。从患者端看，不论任何时间地点Teladoc会员通过电话或互联网接入平台，一般在十分钟内即可找到医生为其提供远程诊断。

第二，发掘正外部性，实现大规模与个性化并存。自工业化社会以来，医学模式有标准化特征，针对平均意义上的患者（average patient），缺乏个性化。在特定历史阶段，标准化模式可以迅速实现医疗服务大众化，但缺点同样明显。对于相同疾病，因为基因型差异和生活环境差异，同样的诊疗方式、同样的药物可能有不同效果。互联网和信息技术的发展，使得在医疗领域可能实现更大规模的普及化，而且实现了"大规模"与"个性化"服务并存。

互联网医疗能实现大规模与个性化并存，技术基础在于互联网平台自动记录了关于个体患者的信息，借助数据分析软件可以低成本地为个体量身定制治疗方案。样本量越大，相关数据分析中对重要系数的估计就会越准确，从而对个体的分析判断也越准确。

第三，克服信息不对称，有助于建立医生个人声誉机制。互联网平台自动记录教学互动或医疗互动数据，可更精确分析医生努力程度与治疗效果之间的关系，极大减少了考核指标的不确定性，这就为强激励的实施提供了基础。例如，互联网医疗平台上一项常见的制度安排即信誉评分制度：患者对医生做出评价。常见的评价系统包括两部分，一部分是打分，1—5星五个选择，平台在此基础上计算平均分；另一部分是患者还可以留下文字评价。明星医生主页下，往往有成千上万条评价。评价对绩效（诊疗人数、收费水平）会产生直接影响，督促医生更加珍视个人声誉。

除了提升医疗行业本身的效率外，从上节商业模式分析中可以看出"互联网+医疗"对整体经济也有溢出效应。传统供给模式下，医疗机构只是单纯的医疗机构。医疗临床与新药研发在一定程度上也是脱节的，药品研发以实验室为主，很少依赖药品入市后的临床数据。互联网医疗平台正在改变现状，医疗临床与新药研发可望实现更加密切的结合。

综上所述，互联网、云计算、大数据分析是互联网医疗健康平台提高效率的技术基础，尤其是对市场容量大规模扩张至关重要。但是，要实现大规模与个性化共存、克服信息不对称和对整体经济的溢出效应，多边平台和价格机制是关键。普通市场主体往往是单一产品或服务提供者，不会考虑服务提供中的正外部性，因此其定价机制缺乏效率。互联网平台则同时提供多种产品或服务，会仔细设计最优价格结构以实现利润最大化，从而必然考虑不同产品或服务之间的正外部性。例如，医疗对健康资本的积累作用、对新药研发的促进作用，都会在经济中产生明显的溢出效应。由图2-1可见，在普通的医患关系之外，互联网平台还连接着第三方企业，这通常是平台的盈利点，也是平台对整体经济溢出效应的直接通道。

效率提升在机制上依赖于互联网医疗的特殊商业模式，其背后更涉及市场准入、价格机制、隐私权、知识产权等一系列制度安排。"互联网+"商业模式不同于政府主导的行政化体制，要实现效率提升，互联网平台需在服务提供中居于主导地位，起到资源配置者和价格制定者的作用；通过平台整合资源，意味着要打破既有医院的束缚，跨医疗机构实现生产要素的重新组合。在这样的背景下，互联网医疗发展面临的体制机制障碍在国内也更加突出。

## （四）痛点之一：医疗信任品与多边平台的兼容性问题

与传统模式相比，"互联网+"的商业模式中多出了一个互联网平台；而且平台一般是营利性企业。这在普通行业不会产生什么问题，但在医疗这样对准入高度管制且传统上以非营利组织为主的行业，却可能带来麻烦。尤其是前文我们从理论上推导互联网医疗多边平台模式具有经济效率，然而这种经济效率能否为平台企业带来持久盈利从而具有可持续性？这一点还没有被证实。为了更具体地分析这个问题，我们看两个案例。

### 1. Teladoc Health

Teladoc 是全球处于领先地位的在线诊疗公司，2019 年财报显示其营业收入达到 5.5 亿美元，在美国国内拥有会员 3670 万人，并在超过 175 个国家提供服务，但仍处于亏损状态，亏损额达到 9886 万美元。其实，Teladoc 一直处于亏损状态，且上市之初亏损额有逐年加大的趋势，近年逐渐稳定在 1 亿美元上下。

造成 Teladoc 一直处于亏损状态的原因是多方面的，如上市以来的频繁并购、营销费用居高不下等。然而管制带来的商业模式高度不确定性也是重要原因。

Teladoc 在医疗服务提供上呈现为双层结构（Teladoc 与 Teladoc Physicians）。为什么会形成这样特殊的双层结构呢？法律限制是主要原因。美国大多数州都禁止"Corporate Practice of Medicine"，即不能成立公司、雇用医生提供医疗服务，医生必须独立执业。当然这规则也有例外，如医院作为专门提供医疗服务的机构，可以雇用医生。（饶是如此，医院雇用医生也不是主流业态，一般医院和医生之间维持合约关系。）Teladoc Inc. 不是医疗机构，不能直接雇用医生提供医疗服务；必须与一个或多

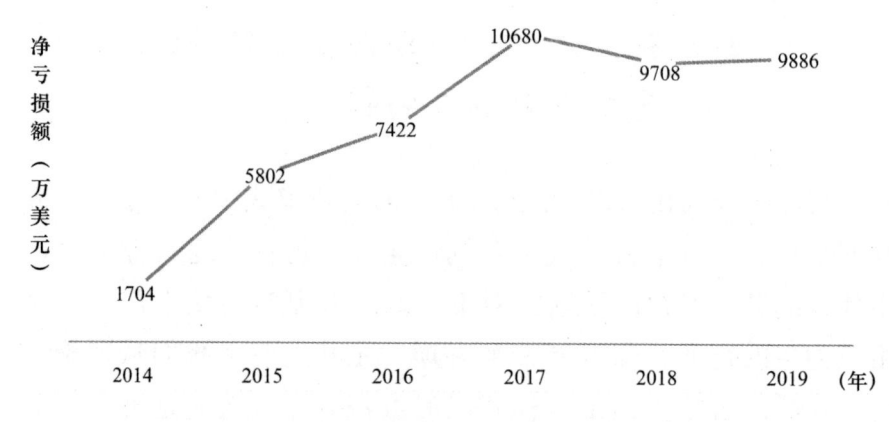

图2-2 Teladoc Health 历年净亏损额（2014—2019年）

资料来源：Teladoc Health 历年年报。

个医师专业协会签约，以协会的名义组织医师提供服务。Teladoc Physicians，P. A. 正是这样的协会，其与执业医师之间可以是雇佣关系，也可以是合约关系。Teladoc Physicians，P. A. 不具备管理专长和网络技术能力，也需要 Teladoc Inc.，可见 Teladoc 双层平台结构有其必然性。双层平台结构部分程度上为 Teladoc 规避了法律风险，但并未完全规避风险。

网上诊断形式是否合法也曾有长时间的争议。美国德克萨斯州是 Teladoc 最大的市场之一，但是 2011 年开始 Teladoc 一直陷入与德州医学委员会（TMB）的诉讼中。直到 2017 年 5 月，德克萨斯州州长 Greg Abbott 签署了一项参议院法案（Senate Bill 1107），正式承认了视频远程医疗在德州的合法地位。法案确认视频诊疗属于远程医疗，在远程医疗中不需要其他临床医生出现在患者端；而且在接受远程医疗服务之前，医生与患者不需要有当面接触；只要医生考虑了病人之前的医疗记录和检测结果，就可以基于视频咨询治疗患者。

### 2. Practice Fusion

2017 年开始，Practice Fusion 即被指控与药企的回扣挂钩，在其电子病历系统里诱导医生为用户开具阿片类药物，并受到美国司法部调查。2018年年初，Practice Fusion被医疗信息技术巨头Allscripts以1亿美元收购为子公司，这一收购价甚至低于其历年获得的风险投资总额（1.57亿美元）。2019年10月Allscripts公告称在当年二季度Practice Fusion与美国司法部达成了1.45亿美元的和解协议，该和解协议将解决其面临的潜在刑事和民事责任（Quandary Peak Research，2019）。

在普通商品的平台上，广告模式一般不会带来太大问题。例如门户网站作为双边平台，一边供普通网民免费阅览；另一边吸引企业付费做广告，以此补贴网站收入。这已是成熟的商业模式了。然而，由于医疗的信任品性质，即医生比患者拥有更多关于疾病诊断和治疗的知识，可能为获利诱导患者进行不必要的诊疗。在这种情况下，如果平台的交叉补贴模式又正好是对患者免费，对医生端或药品供应商收费，就可能引发诱导性消费问题。例如本例中Practice Fusion被指控与药企的回扣挂钩，在其电子病历系统里诱导医生为用户开具阿片类药物。在平台看来，所谓"回扣"正是平台对药企的收费，似乎是普通商业模式的一部分；而且这种收费如果按（阿片类）药品销售额提取，似乎也是正常激励计划的一部分。如果换做其他商品，并无问题。但在医药服务中医生可能诱导患者消费的情况下，就违反法律了。

结合图2-1和两个案例看，互联网医疗平台连接医生、患者和第三方企业，要赢得相对于线下医疗机构的优势，必然在医生和患者端要做出补贴；并尝试发掘第三方企业客户为变现端。但由于医疗信任品的性质，这样的尝试过头了很可能导致违法行为（Practice Fusion），尝试不足又可能一直亏损下去（Teladoc）。因此，互联网医疗的多边平台模式能否持续盈利，确实是很大的问题。真正的商业模式创新，尚在探索之中。

## （五）痛点之二：医生编制、以药养医等医疗体制障碍

与发达国家类似，国内医疗领域也有比较严格的市场准入管制，即机构、人员、互联网三重准入。根据《医疗机构管理条例》，非医疗机构不得提供医疗诊断服务，而申请设置医疗机构需要经历很繁琐的程序[①]；根据《执业医师法》，只有执业医师在医疗机构内提供医疗服务才是合法的。而根据2009年《互联网医疗保健信息服务管理办法》，不得从事网上诊断和治疗活动。直到2016年1月，《国家卫生计生委决定废止的部门规章目录（25件）》才明确宣布废止《互联网医疗保健信息服务管理办法》。

在2018年之前，网络诊断方面唯一开的口子是远程医疗。根据《国家卫生计生委关于推进医疗机构远程医疗服务的意见》（国卫医发〔2014〕51号）："远程医疗服务是一方医疗机构邀请其他医疗机构，运用通讯、计算机及网络技术（统称信息化技术），为本医疗机构诊疗患者提供技术支持的医疗活动。医疗机构运用信息化技术，向医疗机构外的患者直接提供的诊疗服务，属于远程医疗服务。"这个定义中，最后一句补充规定极其关键，成为"互联网医院"这一中国特色的政策依据。继2014年1月广东网络医院、2014年9月宁波云医院、2015年12月（微医）乌镇互联网医院成立，2016年之后互联网医院在中国实现了爆发式增长。由于准入管制的影响，社会力量举办的在线诊疗平台也纷纷寻求落地，春雨医生、丁香园、平安好医生

---

① 这些准入管制不仅条文复杂，更麻烦的是在文字之外，还有许多"潜规则"，形成一道道玻璃门，将社会力量挡在门外（杜创，2015）。

等先后开始线下诊疗服务。

2018年7月，国家卫生健康委员会和国家中医药管理局组织制定《互联网诊疗管理办法（试行）》《互联网医院管理办法（试行）》《远程医疗服务管理规范（试行）》（国卫医发〔2018〕25号），允许医疗机构在线开展部分常见病、慢性病复诊，但同时规定不得对首诊患者开展互联网诊疗活动；允许设立互联网医院，但互联网医院必须依托实体医疗机构。

网上诊断受到严格管制，这在发达国家也曾发生过。互联网医疗在中国的发展还受到国内一些体制的影响。

### 1. 医生隶属于医院的体制（医生编制）

根据我们对业内人士的在线调研访谈，除了不允许首诊、互联网医院必须依托实体机构这两个政策限制外，当前互联网医疗发展面临的最主要障碍是大型公立医院实质性阻碍医师到第三方网络平台提供在线诊疗，仅允许在本医疗机构附设的互联网医院诊疗。这个问题在发达国家几乎不存在：发达国家除住院医师外，执业医师一般独立开业，较少直接受雇于医院；因此像Teladoc这样的互联网医疗平台很容易整合分散的执业医师。而在国内已经力推医师多点执业的情况下，大型公立医院还能实质性阻碍医师到第三方平台就诊，制度上的原因使医师一般受雇于医院，而且公立医院体制内医师有编制约束，走出体制的成本很高。

仅允许医师在本医疗机构附设的互联网医院诊疗，这样就把互联网医疗变成了狭义的远程医疗服务，其作用仅在于"远程"。但是，提升"互联网+"对医疗行业的资源配置效率，"远程服务"仅是其中一个方面；更重要的是互联网平台有更强大的资源协调能力、大数据存储和处理能力。只有通过大型第三方平台整合多地、多个大型医院的医疗资源，汇总处理数据，才能最大限度实现平台整合的高效率。具体来说，首先，互联网医疗第三方平台对比单体医院，对医生资源的使用效率更高。如果医生只能在自己医院的平台上接诊，那还是只能像以往一样，空闲医疗资源的利用效率无法提升。其次，相比单体医院，互联网医疗第三方平台可以利用其流量优势、众多合作入口的优势，对患者的覆盖力度更大，对全社会的服务能力更强、提供的服务响应更及时。

**2. 以药养医体制下的网售处方药问题**

患者线上问诊后的下一个需求就是实现在线购药及配送到家。这个问题在发达国家也几乎不是问题，因为发达国家早已实现医药分开，患者在线下诊所就医后，要拿药就已经是去独立药店了；而且药品费用在卫生总费用中所占比例不大。国内则不同，长期以来国内医疗体制的特征是压低体现医生人力资本的诊费，而允许医院通过销售药品盈利，由此形成以药养医的体制，药品费用在卫生总费用中所占比例较高①。近年来的医药价格改革尝试提高诊费（设立医事服务费等方式）、实施药品零差价，力图实现医药分开，但真正实现尚待时日。

国内在互联网销售处方药政策上一直未放开。《中华人民共和国药品管理法实施条例》第十九条规定："通过互联网进行药品交易的药品生产企业、药品经营企业、医疗机构及其交易的药品，必须符合《药品管理法》和本条例的规定。互联网药品交易服务的管理办法，由国务院药品监督管理部门会同国务院有关部门制定。"而2007年《药品流通监督管理办法》第二十一条规定："药品生产、经营企业不得采用邮售、互联网交易等方式直接向公众销售处方药。"

2019年11月22日国家发改委发布《市场准入负面清单

---

① 处方药原则上可以外流，并无政策限制患者在医院拿处方，到社会药店购药；然而由于种种原因，处方药外流实际上难以操作。

(2019年版)》，规定"药品生产、经营企业不得违反规定采用邮寄、互联网交易等方式直接向公众销售处方药"。但这次《负面清单》承认该项规定"设立依据效力层级不足"。2019年12月1日，新版《中华人民共和国药品管理法》正式实施，该法未禁止互联网销售处方药（毒麻精放等特殊药品除外），并规定通过网络销售药品的具体管理办法另行规定。由于具体的药品网售办法尚未出台，药品行业政策方向仍有诸多不确定性。

**3. 在线诊疗、网购处方药的医保报销问题**

患者在线诊疗、网购处方药发生的合理费用需要纳入医保报销范围，才能形成一个政策闭环。美国以商业健康险为主，Teladoc等在线诊疗平台与保险公司的业务谈判只是商业策略问题；而在中国，基本医疗保险由政府统一举办，在线诊疗能否纳入医保就变成政策问题。

2019年8月，国家医保局印发《关于完善"互联网+"医疗服务价格和医保支付政策的指导意见》，明确了"互联网+"医疗服务的医保支付政策。不过，当前基本医疗保险大部分是按地级市范围统筹具体政策和资金，据我们前期调研，很多地方资金统筹实际上还在县级，所谓地级统筹只是实行了调剂金制度。这样的现状使得国家关于互联网医疗服务医保支付政策落地还有一段时间。而且需要注意，互联网医疗和网售处方药提高了医疗医药服务的可及性、便利性，再有医保报销减轻个人负担，就有可能引发很多无效医疗，造成资源滥用，降低医疗服务效率。

## （六）结论与政策建议

在医疗健康领域推进互联网服务对中国有特殊意义。中国正步入中等收入阶段，面临经济结构转型和消费升级。经济增长领域的已有研究表明：在中等收入阶段向发达经济阶段过渡时会出现增长非连续和有待跨越的门槛，经济结构服务化过程如果不能伴随服务业本身结构优化、实现以知识要素和人力资本要素积累为核心的效率模式重塑，将导致增长停滞、无法跨越中等收入陷阱（袁富华等，2016）。教科文卫等外部性强、知识密集型服务业发展的重要性因此凸显。

当前我国仍处于新冠肺炎疫情常态化防控阶段。基于这一背景，我们建议在医疗健康领域进一步放松管制，推动"互联网＋"，实现互联网医疗平台、互联网医院、线上药店、互联网医保完整衔接，有效配置医疗医药资源。

1. 充分发挥互联网医疗平台的协调作用，允许互联网医疗首诊。具体建议如下。第一，逐步推进医生编制制度改革，建立医院—医生之间的契约关系，落实多点执业政策规定。初步可以考虑的是公立医院保留床位编制，但不再确定人员编制，对公立医院的财政补贴不再与人员编制挂钩。第二，允许暂未依托实体医疗机构的大型互联网医疗第三方平台整合执业医师资源，开展在线诊疗服务。第三，允许互联网医疗平台和互联网医院提供首诊患者诊疗服务，充分发挥线上咨询作用。

2. 加快制定并出台药品网售办法，允许互联网销售处方药。建议在办法中明确如下内容。第一，OTC药及处方药的药品信息均应公开透明。第二，规范药品销售及配送的流程，支持处方药网售业务的开展。第三，发挥互联网第三方平台的技术及管理优势，实现从医到药全流程的安全。

3. 积极推进"互联网＋医保"。一是督促地方医保加快配套政策制定，落实互联网医疗报销政策；二是网售处方药之后，需要将更多符合资质的在线药店纳入医保定点药店管理；三是技术上尽快实现医保脱卡支付；四是医保机构需要创新监管手段，借助新技术（如药品信息化追溯协同服务平台）监督医疗服务和药品使用。

# 三 互联网众筹：声誉机制研究

在互联网技术和商业模式快速发展并日益成为消费产品主要创业渠道的背景下，互联网众筹平台公平、高效的声誉评价体系的建立无疑是创业投资者快速甄别创业者产品和服务质量、获取相关信息、实现市场良性竞争和市场出清的重要手段。但是，以简单的互联网评分和对投资产品后续评价为核心的原有互联网众筹声誉评价体系存在诸多技术漏洞，新的更为多样化、社交化的评价手段如创业者回复等被应用于相关互联网众筹平台。然而，这一区别于传统互联网服务和互联网众筹口碑体系的声誉机制尚未得到学术界的充分研究，尚没有在社会网络相关理论体系的指导下进行声誉评价的创业者社交行为业绩效果的实证研究，更没有很好地研究相关变量对上述业绩影响的调节作用。本章利用 2017 年 12 月—2018 年 11 月 2214 个 B2B 互联网众筹平台创业者相关数据进行了经验研究，证明了针对互联网众筹声誉评价的社交行为的正向创业业绩作用，并研究了相关变量的调节作用，最终提出了相关的战略建议。

## （一）引言

随着互联网技术和商业模式的发展，2017 年中国电子商务交易总规模已经达到 28.66 万亿元。① 而互联网平台融资具有成本低、灵活性强等特点，已经成为中国经济最为活跃的一部分，更成为中国经济结构转型和供给侧结构性改革的重要力量。以众筹为代表的互联网融资的壮大依赖于大型互联网 B2B 和 B2C 平台的持续发展，在上述平台上，潜在投资人可以依据平台所提供的信用评价体系更为便捷和直观地了解创业者的历史创业记录和声誉水平，获取声誉信号的成本由线下商务活动的长期了解和谈判，转化为在线投融资的即时性、低成本的信息获取模式（李维安等，2007）。但是，传统的以互联网融资平台对产品和服务进行简单评分和文字评价的互联网声誉评价体系能够利用非法技术手段进行"刷好评"，人为地扭曲声誉信息，向消费者发送虚假的声誉信号（Zhang 等，2016）。因此，很多平台也为平台甲方提供了回应在线评价的机会，可以针对投资人，特别是给出差评的评论进行解释和说明，以消除投资人的误解，提高自身声誉水平，打消潜在投资人的投资顾虑，实现更高的创业业绩。与传统客户服务行为不同的是，不论是投资人网络评论还是创业者的回应，都在其产品相关展示页面上予以公开，这就产生了更强的创业者声誉作用（Bi 等，2017）。传统线下客户服务的投诉与回应更多地停留在投资人自身对创业者的产品和服务满意程度的层面，形成社会性的声誉共识需要较长的时间和复杂的过程（Richins，1983）。但线上评价和回应由于其公开性和便捷性能够迅速地被潜在投资人所掌握，快速地形成线上创业者口碑，即时地对创业者声誉和创业业绩造成影响。

从理论研究角度，已有研究大多从信号理论或者声誉理论出发，研究投资人评价对于互联网创业业绩的影响，发现评价

---

① 数据来源为《2017 年中国电子商务年度报告》，2018 年数据为估算值，最终数据尚未统计公布，网址为：https://t.cj.sina.com.cn/articles/view/2738383473/a3386a710010091ir。

数量和评价内容分析投资人评价对创业者创业业绩指标具有极强的影响作用（Bi 等，2017；Zheng 等，2016）。但是，针对创业者对投资人回复的研究尚处于起步阶段，缺乏实证研究，对于创业者针对不同类型评价作出的回应的创业效果，以及不同价格区间产品和不同产品多样性企业的评价回应所产生的不同影响都需要进行经验分析。另外，由于产品评价与回应在互联网条件下具有公开性的特点，可以影响与产品相关的所有网络成员对创业者和产品的评价，特别是创业者回应，其目的往往不仅在于影响已经做出评价的投资人的态度，而在于扭转负面评价在潜在投资人心目中的声誉影响。因此上述行为已经具有社交性质，已经不再能简单地利用信号理论进行解释，以社会网络理论视角作为切入点的学术研究可能更能够分析其潜在的作用机制，而现有研究往往没有在互联网创业评价相关研究中适用社会网络相关理论。

综上所述，本书收集了 2017 年 12 月—2018 年 11 月互联网 B2B 网站 Indigogo 上挖掘的互联网创业者和产品信息数据，形成了包括 2214 个创业者在内的互联网创业数据库，并进行了实证分析，发现创业者对不同类型投资人评价的回应比例在总体上具有正面的创业业绩作用，与针对正面评价做出的回应相比，针对负面评价进行的回应具有更强的业绩作用，而企业创业的产品价格更高，产品多样性越强，上述评价回应的业绩作用也更加强烈。并且本书利用社会网络理论对上述实证结果进行了机制解读，发展了相关理论，并最终做出了战略建议。

## （二）理论基础与研究假设

### 1. 互联网创业声誉评价回应的绩效影响

互联网商务平台在长久以来的商业演化和发展之中，逐渐地形成了其特有的较为模式化的声誉评价机制，上述评价机制往往同时具有开放性、标准化和直观化的特点,网站使用者可以根据所有评价者对产品和服务的评分以及具体评价所形成的互联网声誉决定其购买策略(Chevalier 和 Mayzlin, 2006)。但与此同时上述评价机制也存在一定弊端,由于互联网声誉评价往往并不要求真实身份认证,一方面互联网创业者会利用技术手段进行虚假的"好评"以提升声誉评价的分数(Zhang 等, 2016);另一方面,一些评级人也会发布虚假的评价,或者其反映的产品和服务质量是由客观原因所造成的,并非创业者责任(Filieri, 2015)。因此,互联网平台发展出了社交化和互动化的评价回应机制,允许被评论人对相关评论进行回应。

上述机制设置的社交化属性表现在,所有评价与回应都处于公开状态,其他潜在客户不仅可以通过评价与回应了解产品声誉信息,还能加入评价,提出自己的问题和意见。回应的内容、时间间隔和态度不仅仅是产品和服务的信号,也体现了被评价人参与互联网社交,提升其社会网络成员好感的积极性(Kim 和 Hastak, 2018)。根据社会网络理论,包括互联网被评价人、评价人和其他潜在客户在内的所有社会网络成员相互之间都存在社交互动和联系。更为主动的、频繁和细致的社会网络互动能够促进被评价人嵌入社会网络,赢得社会网络成员的信任,也就更能够获得上述成员有形和无形的社交协助,进而提升商业活动的业绩水平(Harris 和 Rae, 2009;Tsai, 2001)。

在互联网创业的情境下,创业者对声誉评价的回应体现了其经营社会网络、提升网络关系人满意程度、嵌入社会网络的意愿和社交努力。更高的回应比例无疑显示了创业者利用社交化手段提升互联网声誉水平的努力,上述行为能够同时提升创业者与进行了评价的投资人和潜在投资者的社会网络联系,进而提升互联网声誉和创业业绩水平。

假设1:互联网创业者对声誉评价的回应比例能够提升互联网创业业绩。

## 2. 对不同倾向评价回应的绩效作用差异

互联网创业平台产品评价一般可以分为正面评价和负面评价两种（Sen 和 Lerman，2007）。就评价的社交网络信息价值而言，负面评价一般更能够体现产品或者创业者所存在的问题，潜在投资人（社会网络成员）更加关注负面评价所指向的问题可能为购买行为带来的风险，特别是在互联网创业平台上（如互联网 B2B 平台），产品价格往往较为公开透明，投资人也就更加关心风险和不确定性可能给其购买行为带来的影响。与之相对应的是，从社会网络理论出发，创业者的社会网络行为对评价的回应，如果能够更为有针对性地解决大多数社会网络成员所关注的问题就能够起到更好的社会嵌入作用，能够更好地获得社会网络成员的帮助（Phillips 等，2015）。基于此，本书提出如下假设：

假设2：与对正面评价的回应相比，对负面评价的回应比例提升更能够提升创业者的创业绩效。

## 3. 创业者产品价格和多样性的调节作用

一般而言，更高的产品价格意味着产品支出对消费者生产生活的重要性（Deng 和 Wang，2016）。对于电子商务平台的消费者而言，互联网平台提供了从日用品到奢侈品甚至大型动产不动产等丰富的产品选择，对于不同的产品消费者对与投资人社会网络化的声誉行为的关注程度有所不同（Hinz 等，2011）。产品价格越高，产品对消费者支出的占比越大，消费者会更加重视产品评价和评价回应所带来的社交化的声誉影响。而对于产品多样性而言，更高的产品多样性也就意味着企业的产品多样化、个性化和定制化产品以及服务水平更高（Anderson 和 Renault，1999）。在产品多元化的条件下，投资人也就更需要依靠公开的评价及回应信息确定产品质量、产品规格和服务水平。

基于此，本书提出如下假设：

假设3a：创业者产品价格越高，评价回应的正向业绩效果越强；

假设3b：创业者产品多样性越高，评价回应的正向业绩效果越强。

## （三）数据来源

为了检验上述假设，本书将采用众筹平台和网上社交媒体平台的数据进行分析。众筹项目数据来源于国际众筹平台Indiegogo.com。Indiegogo平台成立于2008年，是世界上最早开展众筹活动的线上平台之一。该平台将自身定位为国际化众筹平台，并欢迎全球所有拥有银行账户的个人或团队在其网站上进行众筹活动。

作为世界上最大的众筹平台之一，从2017年2月至今，Indiegogo前十大众筹项目的筹集金额达到43256927美元，而Kickstarter的项目筹资总额为108866609美元。在Indiegogo平台上，任何人都可以在没有正式批准的前提下，只需建立一个免费的账户便可开启众筹之旅。因此，更多个体创业者或小规模创业团队进驻了Indiegogo平台，并且披露了更多个人和社交媒体账户信息。Indiegogo平台很好地反映了初次创业者的具体情况，特别是个人创业者从个人社交网络阶段跳跃到社会化社交网络阶段的社交网络变化历程。

在Indiegogo平台上，创业者需提供关于创业项目及其个人的具体信息。其中，一些创业者通过公开自己社交媒体账户信息的方式，为潜在投资者了解项目提供了更丰富的途径。因此，本书以数据挖掘的方式收集了从2017年12月—2018年11月Indiegogo平台科技类的首次创业项目信息，以及创业者（即众筹平台的项目发起者）个人社交媒体的相关信息。

本书从社交媒体 Facebook 账户抓取了创业者的评价信息和评价回应信息。本书剔除了没有评价或者回应的创业者，通过删除缺失值之后，得到了 2214 个创业者和创业项目相关信息。

## （四）变量设计

### 1. 因变量

根据 Deng 和 Wang（2016）的研究，互联网创业者的在线创业总额是创业者重要的业绩指标。Indiegogo 在所有产品页面都标注了每一笔历史成交的成交数量和价格，本书汇总了所有创业者当月所有产品的交易量和交易价格，形成了当月交易额数据。由于交易额数据取值范围较大，本书对其进行了对数化处理，以降低可能的数据偏差。

### 2. 解释变量

根据上文的研究设计，本书利用全部被回应的评价占总评价的比例（回应比例）作为解释变量，Indiegogo 平台为所有投资人提供了评价创业项目产品的机会，对于上述评价进行了正面和负面的分级，创业者可以选择对评价进行回应，所有评价和回应都列明了具体时间。为了反映创业者针对不同类型评价作出反应的创业绩效影响，对应正面和负面评价，本书分别生成负面评价回应比例和正面评价回应比例 2 个变量，最后为了比较上述两个变量的回归系数，本书在回归中还对其进行了标准化处理。

### 3. 调节变量

正如上文论述的，在互联网创业条件下，创业者产品价格和产品多样性能够显著地影响创业者创业业绩，同时也可能影响创业者在线声誉对创业业绩的作用。本书利用创业者当月创业产品价格对数值和产品数量分别作为产品价格和产品多样性两个调节变量（Deng 和 Wang，2016；Robinson、Fornell 和 Sullivan，1992）。

### 4. 控制变量

本书还加入了其他控制变量以控制相关影响，防止模型发生内生性问题；利用 Indiegogo 所载明的好评比例（好评比）作为控制网络评价的变量，同时加入评论数量作为控制变量（Deng 和 Wang，2016）。同时，以网站载明的创业者历史成交数量对数值作为历史成交变量，控制创业者的历史成交数量，显示创业者历史创业规模（Urban 等，2000）。进一步还控制了创业者在平台开办业务月份数（成立时间）作为创业者营业时间的控制变量。本书还加入了创业者所在省份虚拟变量、季节虚拟变量和创业者创业产品行业虚拟变量，控制相关因素（Deng 和 Wang，2016）。具体数据统计性描述见表 3-1。

表 3-1　变量描述

|  | Mean | Std | Min | Max |
| --- | --- | --- | --- | --- |
| 1. 创业额 | 8.798 | 7.207 | 1 | 10.117 |
| 2. 负面评价回应比 | 0.137 | 0.210 | 0 | 0.800 |
| 3. 正面评价回应比 | 0.069 | 0.114 | 0 | 0.500 |
| 4. 产品价格 | 3.536 | 1.628 | -2.500 | 8.419 |
| 5. 产品多样性 | 3.728 | 6.535 | 1 | 128 |
| 6. 好评比 | 0.815 | 0.196 | 0 | 1 |
| 7. 评论数 | 126.949 | 46.748 | 0 | 240 |
| 8. 历史成交 | 6.400 | 1.651 | 0 | 11.006 |
| 9. 成立时间 | 26.511 | 18.378 | 0 | 93 |

## （五）回归结果

本书借助 STATA 软件，对各变量之间的相关系数进行了检验，具体结果详见表 3-2。根据各变量之间的相关系数矩阵，本书所选取的解释变量对因变量都有比较显著的相关系数，而各解释变量、控制变量之间的相关系数多数小于 0.3。因此，各解释变量与控制变量之间具有比较低的相关性水平，从而可以避免模型的多重共线性。

表 3-2　　　　　　　　　变量相关系数

| | 1 | 2 | 3 | 4 | 5 | 6 | 7 |
|---|---|---|---|---|---|---|---|
| 1. 创业额 | 1 | | | | | | |
| 2. 负面评价回应比 | 0.186 | 1 | | | | | |
| 3. 正面评价回应比 | 0.264 | 0.617 | 1 | | | | |
| 4. 产品价格 | 0.456 | 0.011 | 0.121 | 1 | | | |
| 5. 产品多样性 | 0.446 | 0.112 | 0.121 | 0.033 | 1 | | |
| 6. 好评比 | 0.175 | 0.110 | 0.085 | 0.153 | 0.318 | 1 | |
| 7. 评论数 | 0.026 | 0.017 | 0.014 | 0.005 | 0.010 | 0.020 | 1 |
| 8. 历史成交 | 0.108 | 0.098 | 0.116 | 0.201 | 0.039 | 0.010 | 0.117 |
| 9. 成立时间 | 0.004 | -0.024 | -0.031 | 0.045 | 0.073 | 0.411 | 0.020 |

根据上述变量设定，本书首先分别利用系统广义矩方法（SYS-GMM）和面板数据固定效应回归，以创业额为因变量进行回归分析。为了比较针对不同类型评价（负面或正面）进行回应的业绩效果影响，本书对负面回应比例和正面回应比例变量进行标准化，进而进行 Wald 检验以比较回归系数的大小。具体回归结果见表 3-3。

表 3-3　　　　　　　　　　主效应回归结果

| | 系统广义矩模型 | | 面板数据固定效应 | |
|---|---|---|---|---|
| | 模型 1 | 模型 2 | 模型 3 | 模型 4 |
| 好评比 | 0.157*** (0.012) | 0.157*** (0.012) | 0.156*** (0.012) | 0.154*** (0.013) |
| 评论数 | 0.176*** (0.006) | 0.171*** (0.006) | 0.175*** (0.006) | 0.170*** (0.006) |
| 历史成交 | 0.299*** (0.007) | 0.311*** (0.007) | 0.301*** (0.007) | 0.310*** (0.007) |
| 成立时间 | 0.003 (0.003) | 0.004 (0.003) | 0.003 (0.003) | 0.003 (0.003) |
| 产品价格 | 0.128*** (0.045) | 1.175*** (0.209) | 0.101*** (0.043) | 0.143*** (0.051) |
| 产品多样性 | 1.131*** (0.204) | 1.142*** (0.177) | 1.231*** (0.201) | 1.732*** (0.304) |
| 负面评价回应比 | | 0.798*** (0.102) | | 0.819*** (0.229) |
| 正面评价回应比 | | 0.239*** (0.075) | | 0.197*** (0.043) |
| Wald 检验值（P 值） | | 4.56 (0.000) | | 4.77 (0.000) |
| 地区虚拟变量 | Included | Included | Included | Included |
| 季节虚拟变量 | Included | Included | Included | Included |
| 行业虚拟变量 | Included | Included | Included | Included |
| Wald chi2 | 242.52*** | 248.09*** | | |
| Sargan test (p-value) | 21.230 (0.730) | 17.723 (0.854) | | |
| AR2 (p-value) | 0.710 (0.478) | 0.181 (0.856) | | |
| R2 | | | 0.222 | 0.206 |
| F value | | | 229.12 | 114.11 |
| 观测值数 | 2214 | 2214 | 2214 | 2214 |

注：（1）因变量为创业额；（2）*** 分别表示 z 统计量在 1% 水平下显著。

由表 3-3 的回归结果可见，负面评价的回应比和正面评价的回应比都具有显著的正向的创业业绩作用，评价回应在整体上具有正向的业绩作用。负面评价回应的回归系数与正面评价回应的回归系数更高，并且通过 Wald 检验。负面评价不仅透露了更多的潜在投资人关心的产品和服务质量信号，也更容易因此负面的社交网络效果，对上述评价的回应能够显示创业者社交行为的态度和及时处理问题的能力，在社会网络化的交往中能够更好地解答社会网络关系人的疑惑，促进社会网络嵌入，提升社会网络对创业的业绩推动作用。因此，假设 1 和假设 2 被回归结果验证。

进一步的，本书以加入解释变量与调节变量交叉项的方法验证产品价格和产品多样性的调节作用，具体结果见表 3-4，由于篇幅所限本书省略了控制变量的结果输出。由回归结果可知，产品价格和产品多样性与负面评价回应和正面评价回应的交叉项都具有正向的显著的回归系数，较高的产品价格能够促使消费者更多地关注评价回应，也使得产品评价回应的创业额作用更强，与之对应的创业者产品多样性同样提升了创业的个性化和产品多元，消费者更需要依赖网络化的信息来源机制进行购买行为判断，因此，假设 3 和假设 4 得到验证。

表 3-4　　　　　　　　调节效应回归结果

|  | 系统广义矩模型 ||| 面板数据固定效应 |||
| --- | --- | --- | --- | --- | --- | --- |
|  | 模型 1 | 模型 2 | 模型 3 | 模型 4 | 模型 5 | 模型 6 |
| 负面评价回应比 | 0.705***<br>(0.174) | 0.778***<br>(0.112) | 0.611**<br>(0.298) | 0.412***<br>(0.177) | 0.709***<br>(0.177) | 0.387***<br>(0.098) |
| 正面评价回应比 | 0.201***<br>(0.098) | 0.210***<br>(0.086) | 0.107*<br>(0.060) | 0.075*<br>(0.040) | 0.165***<br>(0.030) | 0.071***<br>(0.015) |
| Wald 检验值（P值） | 4.37<br>(0.000) | 4.43<br>(0.000) | 4.77<br>(0.000) | 3.77<br>(0.000) | 4.51<br>(0.000) | 3.98<br>(0.000) |
| 负面评价回应比 ×<br>产品价格 | 0.105***<br>(0.016) |  | 0.098***<br>(0.020) | 0.179***<br>(0.044) |  | 0.156***<br>(0.043) |

续表

| | 系统广义矩模型 | | | 面板数据固定效应 | | |
|---|---|---|---|---|---|---|
| | 模型1 | 模型2 | 模型3 | 模型4 | 模型5 | 模型6 |
| 正面评价回应比×产品价格 | 0.078*** (0.006) | | 0.056*** (0.010) | 0.075*** (0.020) | | 0.069*** (0.018) |
| 负面评价回应比×产品多样性 | | 0.096*** (0.013) | 0.076*** (0.019) | | 0.099*** (0.014) | 0.086*** (0.020) |
| 正面评价回应比×产品多样性 | | 0.073*** (0.011) | 0.018*** (0.006) | | 0.045*** (0.010) | 0.033*** (0.011) |
| 其他控制变量 | Included | Included | Included | Included | Included | Included |
| Wald chi2 | 250.69*** | 205.25*** | 208.42*** | | | |
| Sargan test (p-value) | 23.805 (0.587) | 14.396 (0.952) | 14.614 (0.950) | | | |
| AR2 (p-value) | 0.509 (0.611) | −0.130 (0.896) | −0.188 (0.851) | | | |
| R2 | | | | 0.243 | 0.265 | 0.239 |
| F value | | | | 136.17 | 121.36 | 62.01 |
| 观测值数 | 2214 | 2214 | 2214 | 2214 | 2214 | 2214 |

注：(1) 因变量为创业额；(2) *、**、*** 分别表示 z 统计量在 10%、5% 和 1% 水平下显著。

此外，本书还以下一期产品创业额为因变量，进行稳健性检验（观测值数量也相应地进行了调整），其结果验证了本书的上述结论（具体结果见表 3-5）。

表 3-5　　　　　　　稳健性检验结果

| | 系统广义矩模型 | | 面板数据固定效应 | |
|---|---|---|---|---|
| | 模型1 | 模型2 | 模型3 | 模型4 |
| 负面评价回应比 | 0.519*** (0.172) | 0.419** (0.068) | 0.434*** (0.077) | 0.305*** (0.058) |
| 正面评价回应比 | 0.110*** (0.036) | 0.097*** (0.020) | 0.087*** (0.022) | 0.050*** (0.009) |
| Wald 检验值（P值） | 4.40 (0.000) | 4.15 (0.000) | 3.98 (0.000) | 3.60 (0.000) |

续表

|  | 系统广义矩模型 |  | 面板数据固定效应 |  |
|---|---|---|---|---|
|  | 模型1 | 模型2 | 模型3 | 模型4 |
| 负面评价回应比×产品价格 |  | 0.064***<br>(0.020) |  | 0.047**<br>(0.022) |
| 正面评价回应比×产品价格 |  | 0.265***<br>(0.086) |  | 0.210***<br>(0.036) |
| 负面评价回应比×产品多样性 |  | 0.077***<br>(0.019) |  | 0.125***<br>(0.049) |
| 正面评价回应比×产品多样性 |  | 0.105***<br>(0.047) |  | 0.129***<br>(0.015) |
| 其他控制变量 | Included | Included | Included | Included |
| Wald chi2 | 5,025.76*** | 8,646.88*** |  |  |
| Sargan test<br>(p-value) | 27.503<br>(0.916) | 26.386<br>(0.939) |  |  |
| AR2<br>(p-value) | 1.228<br>(0.219) | 1.311<br>(0.190) |  |  |
| R2 |  |  | 0.227 | 0.251 |
| F value |  |  | 215.91 | 186.10 |
| 观测值数 | 2214 | 2214 | 2214 | 2214 |

注：（1）因变量为创业额；（2）**、***分别表示z统计量在5%和1%水平下显著。

## （六）结论与启示

### 1. 研究结论

本书通过对互联网创业平台声誉评价回应这一社会网络化声誉机制的实证分析，验证了对不同类型评价进行回应的创业绩效影响，发现创业者对相关评价的回应比例能够显著地提升创业业绩。本书发现，与线下客服等评论回应模式不同，线上声誉评价的回应除了信息披露和信号作用以外，具有显著的社会网络化影响，评价与相应的回应内容能够被所有社会网络成员便捷、迅速地了解，对评价的回应显示了创业者社会网络行动的决心和能力，能够起到社会网络嵌入的效果。特别是对于负面评价的回应而言，在创业模式相对固定，而产品和服务具有不确定风险的互联网创业平台上，负面评价更能够引起潜在的投资人（也是社会网络成员）的关切，对上述负面评价所暴露的问题，及时、有效的回应无疑比正面评价的回应更加具有社会网络效果，能够更直接地影响创业业绩。最后对价格更高和产品多样性更强的创业者而言，对相关评价的回应更能够引发社会网络化的声誉效果，进而提升创业业绩。

### 2. 理论贡献

本书通过实证研究的方式验证了评价回应这一互联网声誉评价机制新模式在互联网创业平台上的特定作用，特别是有效地区分了正面评价和负面评价回应的不同效果和相关的调节作用，在我们所掌握的文献中，上述研究属于首次出现，具有开创性的意义。从理论视角看，本书在互联网声誉评价越来越复杂化、开放化和社交化的条件下，发现和论证了声誉评价在允许创业者进行回应以及允许其他社会网络成员随时查阅和参与的情况下，评价体系由信号机制向社会网络联结转化的趋势。因而，本书利用社会网络相关理论解释了本书的实证研究发现，不仅将社会网络理论引入了互联网声誉机制研究，还扩展了社会网络理论的应用范围，有效地提升了社会网络理论对现实商业现象的解释能力。

### 3. 实践启示

最后，本书还将提出相应的管理学建议。第一，对于互联网创业平台而言，应当推动创业者积极、主动地回应相关的投资人评价，以社交化思维发展声誉评价体系，特别是允许其他社会网络成员参与评价与回应，提升社会网络凝聚力，才能够更好地提升平台项目创业能力和社交影响力。第二，对于创业者而言，针对性的、快速的、充分的评价回应不仅是信息披露的重要环节，也是进行网络社交的重要手段。在评价回应，特别是负面评价回应的过程中，创业者能够显示社交意愿，提升社交联系水平，更好地取得社会网络成员的信任和支持，嵌入社会网络，挖掘社会网络潜力，提升创业业绩水平。

# 四 跨境电商：退出动因研究

## （一）引言

互联网作为在人类历史中的重要发明，随着技术的不断升级、发展，其对人类的生产活动各个环节均施加着深刻的影响，并延伸至世界的各个角落。麦肯锡报告显示：2005—2017 年，跨境带宽使用量增长了 148 倍，跨境数据流的爆炸式增长反映了公司间境外经营活动、供应商和客户的互动，尤其是在当前全球供应链重构的转折期，全球性产业转移导致跨国企业资源配置发生了变化。ICT 为各种价值链活动的链接提供了便利，全球价值链的环节畅通，全球价值链上的交易复杂程度下降、标准化程度提高、信息不对称下降显著甚至消除。无论是自然人个体还是新成立的小企业，可以通过多种平台参与到全球价值链中。伴随着经济一体化和互联网技术的迅猛发展，全球价值链 Global Value Chain（GVC）的触角遍布全球并逐步细化，催生了跨境电商等新型贸易模式，推动了全球贸易新格局的变化（Cairncross，2001；Banerjee、Bhattacharyya 和 Bose，2017；吕越等，2019），成为越来越多的企业不可或缺的资源获取渠道和经营命脉（马庆国，2004）。2018 年，电商销售额在全球零售总额中的占比达 11.9%，全球最大的电商平台亚马逊同年净收入达 2329 亿美元，其网上商城业务收入占总收入的 52.8%。电子商务体现了"数字全球化"的显著特征（Amit 和 Zott，

2001），与此同时，催生了一批第三方跨境电商平台（如全球速卖通、DHgate、Ligh In The Box 等）。作为一种新的国际贸易模式，跨境电商对于促进经贸往来、有序推进经济结构的转型升级、驱动经济发展的创新转型有着积极的作用。通过跨境电商平台，企业能够更为快捷和广泛地与世界各国的商业伙伴建立商业联系（Oxley 和 Yeung，2001），加之互联网贸易成本更低、沟通效率更高，企业利用跨境电商平台也能更好地应对各类贸易风险（Gregory 等，2017）。麦肯锡全球研究所（McKinsey Global Institute）2016 年报告显示，全球约 12% 的贸易是在跨境电子商务平台内进行的，86% 的科技型初创企业报告了某种类型的跨境活动（Manyika 等，2016）。随着国际电子商务的普及，越来越多来自新兴国家的公司也开始在电子商务门户网站上进行国际扩张。例如，中国作为全球最具竞争力的新兴经济体，近年来随着全球化趋势及消费升级，跨境电商交易规模持续增长，仅 2018 年中国跨境电商交易规模就达到 9.1 万亿元，阿里巴巴集团旗下的速卖通海外买家数量更高达 1.5 亿人。可见，随着互联网技术的不断进步，在企业的国际化进程中电子商务越来越成为所不可或缺的商业模式。因此，数字技术条件下的企业国际化问题已成为国际商务领域所关注的重要选题（Coviello、Kano 和 Liesch，2017）。

尽管面对宏观贸易摩擦和其他风险时，企业通过跨境电商平台可以迅速地转变贸易目的国、贸易品种和营销模式，尤其是极大降低了中小型企业国际化发展门槛，在国际市场的进入方面实现弯道超车。然而将视线调转，在商业实践活动中很多同时选择线上和线下进行国际扩张的企业，因为自身不同的特征或各种相异的原因而选择退出跨境电商平台。对敦煌网等电商平台上的企业进行追踪观测，发现这类企业不在少数，甚至连沃尔玛、SK 集团这些拥有良好实体销售渠道的大型企业的跨国线上销售业务都在"沉睡"。在信息科技不断延伸的大背景下，放弃线上经营似乎是一种缺乏理性的经营战略，但是从实际经营角度看，从线上退至线下并非无理由。现有研究主要归纳为以下两方面因素：一是线上运维成本（Poutziouris 和 Wang，2003；Javis，2006；Wang 和 Ahmed，2009；吴赟婷和王钟庄，2015），当企业线上经营所带来的成本已经覆盖潜在回报时，企业会考虑退出线上经营渠道（Van Akkeren 和 Cavaye，2000）；二是信息技术应用程度，企业线上经营时信息平台等新技术的应用提高了企业对新技术环境的适应难度，极高的互联网经营失败率（尤其是创业领域）使企业苦不堪言，望而却步，导致了退出线上经营情况的发生（VanAkkeren 和 Cavaye，2000；Wang 和 Ahmed，2009）。

而这些研究普遍缺乏对成本与技术问题本质的深层次探讨。一方面，上述研究忽视了国际化过程中"速度"的作用。在企业国际扩张的过程中，国际市场进入模式和进入速度被认为是企业是否能取得国际化成功的关键（Oviatt 和 McDougall，1999）。国际化的速度决定了企业在国际环境中获取、分配、利用资源的能力，以及可持续性（Chetty、Johanson 和 Martín，2014）。而这种速度差使得企业在线上经营过程中需要面对更为复杂和多变的市场环境，线上销售引发组织化学习能力提升，而以往积累的经验难以应对。因此使企业在利用电商的经营过程中，线下和线上存在着天然的地区跨越速度上的差异。而这种速度差异如何影响企业在跨境电商平台上的生存情况值得深入探讨。另一方面，企业所身处的社会网络结构也会对线上和线下经营问题的选择做出影响。大多数企业面对陌生环境时由于"新生弱性"问题而面临严重的资源约束窘境（Stinchcombe，1965）。社会网络的建立有助于企业在线上经营时抓住机遇、获得关键性资源、维护客户伙伴关系、提升创新能力，并以此减少市场不确定性和信息不对称性所带来的风险（Zain 和 Ng，2006）。因此，企业在国际化过程中，如何依靠其社网络关系，学习各国间差异化知识，利用当地关系解决国际扩张中所面临的资源问题？通过社会关系的构建与利用，是否能够有效缓解销售者线上、线下地区跨越速度差异所引发的跨境电商平台生存影响？这些问题的探索有助于进一步打开相对应的"理论黑箱"。

针对以上问题，通过对现有研究的梳理发现：目前企业的国际扩张过程中，对于跨境电商平台的利用效果的研究尚处于起步阶段，尚未有企业社会关系网络数据和线上线下制度扩张速度差异对企业跨境电商发展模式选择影响的学术研究，更缺乏区分不同经济、社会制度条件前提下针对性的比较研究。基于此，本书通过入户调研模式，收集了2015—2018年北京、上海、苏州、杭州、天津五个城市456个国际电子商务经销商总计2049个观测值的销售数据和社会网络数据等客观数据，分析了企业国际扩张过程中线上和线下的国际扩张速度差异对于跨境电商平台的利用的影响，在结合社会网络理论分析线下社会关系网络的调节作用的基础上，进一步对不同制度环境的东道国加以区分讨论，解释了上述实践现象和回归结果的理论动因，最终提出了相关政策和管理学建议。

## （二）理论构建

**1. 研究梳理**

从全球价值链的地理维度来看，销售者与客户分散在全球各地，信息平台的高集中度可以平衡产品生产成本和交付成本，并决定原料和成品生产的地理布局。随着全球化进程不断推进，全球价值链面临地理布局的调整，由于本土市场日趋饱和和可用资源受限的影响，越来越多的企业选择采取多市场经营的策略，通过国际化的方式实现业绩和资产回报率的提升（Schu、Morschett和Swoboda，2016）。国际化战略可以有效缓解资源紧缺和信任缺乏的窘境，成为一种主流经营思想（Knight 和 Cavusgil，2005）。在企业国际化过程中，国际市场进入模式和进入速度被认为是企业是否能取得国际化成功的关键（Oviatt 和 McDougall，1999）。国际化速度是企业内部资源和外部机会平衡的有效反应。企业进入国际市场的快慢直接决定了企业在面对不同市场环境、不同国家政策、不同文化导向的市场时是否能够成功并实现绩效的提升（Vermeulen 和 Barkema，2002；Wagner，2004）。

1977 年，Johanson 和 Vahlne 首次提出了"乌普萨拉模型"（Uppsala Model），正是基于对企业在国际化过程中的国际区位选择过程和国际化进入模式问题的关注，认为企业国际化是一个缓慢和逐渐递增的过程，至此展开了对企业国际化速度的讨论。1990 年，Johanson 和 Vahlne 又提出了三个例外条件：即具备充分知识资源、市场稳定和均衡、从相似市场上获得的经验能够推广到任何特定市场上，以上条件的企业可以获得经验外其他渠道的市场知识或采取更大的国际化步骤。2009 年，Johanson 和 Vahlne 为了应对天生国际化企业，将社会网络因素加入 Uppsala 模型，认为企业可以通过构建社会网络获得必要的国际化经验和知识，在 Uppsala 模型视角下的国际化进程不再必然是缓慢和逐渐递增的过程了。特别是在跨国商业活动中，以 Uppsala 模型为代表的国际商务研究都强调了社会网络在经济主体通过组织学习产生经验过程中的作用。新的环境提供学习机会，企业在进行国际化时通过社会网络获得必要的国际化经验和知识（Johanson 和 Vahlne，2009）。从社会网络角度出发，企业可以从自身社会网络中进行社交化经验学习，通过组织学习获取东道国社会制度、经济条件、消费者偏好等方面的重要信息，并通过社会关系网络成员的紧密联结来开拓市场渠道、维护客户伙伴关系，构筑跨国社会关系获得关键性资源，获得所在国家获得贸易目的国社会关系网络成员的商业帮助，降低市场不确定性和信息不对称性所带来的风险（Rutashobya 和 Jaensson，2004；Zain 和 Ng，2006；Pinho 和 Prange，2016）。

随着信息技术革命发展，信息技术改变全球价值链的成本（New technologies are changing costs across global value chains），对于全球价值链的地理分布来说，ICT 鸿沟的影响会体现在全球价值链的分布之中，在原有的全球价值链的格局上叠加 ICT 价值的分布。全球价值链中新增的数字价值，拥有很高的专业技术含量，甚至有专业化、集中化的趋势。因此电子商务在国际商务活动中扮演的角色越来越重要，Coviello 等（2017）基于数字情景（digital context），再次讨论了 Uppsala 模型对于当今社会的应用性质，认为新的数字化国际商务模式对 Uppsala 模型应用带来了新的挑战和机遇。跨境电商作为一种新的国际贸易模式，其出现使得企业在时间和空间上大大缩短了不同国家产品与市场的距离，能够更为便捷地与世界各国的商业伙伴建立商业联系，从而更加快速、广泛地进入东道国市场（Oxley 和 Yeung，2001；Xue、Li 和 Pei，2016；Deng 和 Wang，2016）。基于互联网平台对全球价值链活动的实时跨层次管控能力，从全球价值链的主体维度来看，借助数字信息技术及互联网平台能够实现更大的范围经济和规模经济，与地理布局调整相联系的是全球价值链组织和主体的相应调整。对于企业来说，不论规模大小、成立时间长短，都可以通过互联网平台融入全球价值链的复杂开放生态系统。显然在当今迅捷的数字信息、优质的营销资源以及丰富的国际经营经验都是企业国际化过程中不可或缺的因素（Yuan 等，2016；Rui 等，2016；Bilgili 等，2016）。

基于制度角度，企业利用跨境电商平台与传统的线下国际过程，在交易模式、路径、成本等方面存在较大差异。跨境电子商务虽然可以降低与物理距离相关的交易成本，但也会提高与语言、文化和制度等方面差异相关的其他贸易成本和感知风险，以及电子商务基础设施，如支付和配送包裹系统，同时也会带来额外的信息成本（Wang 和 Ahmed，2009；Gomez Herrera 等，2014）。尤其是对于中小型企业而言，每个企业在国际化进程中所面临的信息化成本、收益，以及国际化目的地国家制度与文化条件存在明显的差异（吴赟婷和王钟庄，2015；VanAkkeren 和 Cavaye，2000），企业是否采纳信息化或电子商务模式，在哪些国家采纳信息化或电子商务模式仍需进一步讨论，并且采纳信息化或电子商务模式的时机也存在巨大的差别（Liesch 和 Knight，1999；Hong 和 Zhu，2006）。而企业国际化速度决定了企业在国际化环境中获取、分配、利用资源的能力，以及国际化过程的可持续性（Chetty、Johanson 和 Martín，2014），因此在进行国际化过程中，信息化的成本和收益需要与旧有的替代性手段进行比较，以确定信息化的步骤和程度（Liesch 和 Knight，1999）。

显然，在企业借助跨境电商平台构建数字贸易生态圈的过程中，相对于传统的人力、技术等有形资本，社会关系网络这一无形的资本对于互联网新技术的影响作用更加显著。因此，基于电子商务情景，解析企业在国际市场进入过程中"社会网络"这一无形资源的影响，有助于揭示企业（特别是中小企业）在全球价值链的复杂开放生态系统下，海外市场进入的新技术手段利用策略。

### 2. 企业国际化速度、社会网络与跨境电商平台的利用

社会网络提供企业分享复杂知识、调配同质资源、生成新资源和能力的源泉（Dagnino、Levanti 和 Mocciaro，2016）。基于组织生态学的视角，知识共享、资源配置、组织经验等因素，在信息科技不断延伸的背景下，对于企业国际化过程中的扩张能力、扩张速度都产生着一定的影响（Qian 等，2010；Dagnino、Gabrielsson 等，2014；Levanti 和 Mocciaro，2016）。在进入

不同制度环境的远距离特征市场时，企业社会网络会面对不同的市场环境、市场主体，在不同时间内扩张或收缩，形成相比原先完全不同的网络形态，从而导致截然不同的经营绩效（Burt，2009）。而在线上与线下两种模式间，社会网络的构建与拓展的非均质性，造成了企业线上线下国际市场扩张的速度差异。因此，有必要从社会网络的视角考虑企业国际化过程中线上扩张和线下扩张之间产生的速度差对于企业选择利用跨境电商平台的影响。

线上经营可不受地理距离和心理距离的限制，非界限性优势明显（Johanson 和 Vahlne，1977），线下经营在扩张速度方面显然不及线上经营（Luo、Zhao 和 Du，2005），然而线下经营更能与相关主体建立高效的连接（Freeman，2004）。尽管现有研究普遍认为，较早进入电子商务市场的企业与其他企业相比能够获得更高的业绩（OECD，1999；Moodley，2003）。然而较高的线上经营运维成本、复杂的信息科技技术成本等因素提高了企业适应线上经营的难度（VanAkkeren 和 Cavaye，2000；Wang 和 Ahmed，2009）。相比于线上经营的方式，线下经营在扩张速度方面虽然不及线上经营（Luo、Zhao 和 Du，2005），但进入线下经营的企业可以为自身营造合理的市场适应缓冲区。

一方面，企业在线下渠道循序渐进的经营方式让企业在每次决策中充分考虑各方因素，并预留出发现、纠正错误的空间，多付出的时间能够为自身赢得收集、消化、适应不平衡市场环境的时间。另一方面，不同国别之间的监管、规范和文化认知间的差异，导致制度环境存在显著差异（Yang，Su 和 Fam，2012），由于市场的不确定性，尤其是在开放程度较低的市场，获取政府政策的支持事关重要（Rahaman，2016），而此类关系的建立无法依靠线上模式完成，经营者只能选择通过面对面拜访的商业活动形式，通过线下经营与目标市场政府建立稳固的联系，帮助企业及时借助诸如银行、政府等外部资源解决产生的问题。

可见，线上线下的国际市场扩张速度差异导致了经验和具体实践之间的脱节，削弱企业通过跨境电商进行国际业务扩张的绩效能力以及市场不对称性增加了企业的风险，线上快速进入国际市场的行为无法保证与目标市场建立稳定的连接。为了规避风险，企业只有花费较多时间和精力通过线下接触的方式缩小经营活动涉及范围，与目标市场少数且重要的市场主体（如关键客户、重要合作伙伴）建立稳固连接，以保证企业绩效提升，进而最终退出线上市场。基于此，本书假设：

H1：企业国际化扩张过程中，线上、线下制度扩张速度（Expansion Speed）差导致跨境电商平台的退出。

企业的线下社会网络往往通过采用强关系的正式连接的途径来构建，通过与相关主体的高强度、高频次的交流、分享、维护行为完成，企业可以处于自身编织的社会网络的中心位置，享受着社会网络所带来的信息、资源便利（Freeman，2004）。对于企业的线上经营，线下社会网络是获得合法性源泉之一，依托于此企业可以快速融入线上市场，节约形象建立成本和时间，为企业把握稍纵即逝的市场机遇提供了先决条件。社会网络为企业提供了决策所需的信息，其中包括市场环境信息、法规政策信息、客户信息、潜在资源信息等。此类信息获取难度大、成本高，并且从外部获取具有一定风险性，而社会网络能够帮企业在国际化过程中迅速积累相关的渠道资源（Brouthers 等，2013）。社会网络的结构化特征保持了企业在经营过程中的竞争优势（Harris，2005），通过社会关系网络各个主体"枢纽"的紧密联结，企业在网络嵌入过程中接收了各方信息（Freeman，2004），快速了解适应国际市场，提升在国际市场竞争能力（Gabrielsson 等，2014），帮助企业降低交易成本和风险。

在社会网络结构中，多样性代表了主体之间的差异性，带来更多独特而新颖的信息等资源（Bemard，2005），这些异质性信息可以发挥信息桥的作用，使企业获得更多的发展机会（Luo等，2005）。例如，客户主体可提供产品或服务信息，帮助企业把握市场需求；政府主体可发布政策法规，帮助企业规避潜在市场经营风险；合作伙伴主体则可促进资源整合，提升企业资源利用率。社会网络的规模扩大意味着有更多的信息流流经至企业所在的网络位置，企业将会获取大量信息（Hansen，1995）。企业的社会网络规模越大，其获取信息的能力越强，从而获得更高的绩效（Baum等，2000）。企业需要多样化的连接主体为生产、销售、管理伙伴关系等环节服务。企业在线下经营中社会网络多样性的缺乏会导致连接主体单一化，虽然连接数量充足，但关系主体所提供的信息资源具有同质性，对企业的经营不能提供全面的帮助。由于线上、线下区域跨越速度差异所带来经验及信息短板能够通过多样化的社会网络条件得到弥补，具有更为多样和广阔的社会网络关系不仅能弥补对于目的国市场商业条件的信息缺失，还能借助社会网络建设线上销售所难以建立的关系网络，如物流、品控和客户服务体系，帮助企业规避线下经验不足所带来的经营风险。因此，本书假设：

H2：企业线下社会网络多样性能够缓解国际化扩张过程中，线上、线下制度扩张速度差对跨境电商平台退出的影响。

社会网络结构受到结构洞和社会网络中心性等与社会网络成员之间实际距离和心理距离相关的变量的影响（Burt，2017）。企业的线下社会网络会随着企业经营中的线上业务扩展到市场的各个角落。社会网络规模的扩大意味着有更多的信息流流经至企业所在的网络位置，企业将会获取大量信息（Hansen，1995）。而更大规模的社会网络，能够为企业的资金融通、商业机会拓展，信息技术利用等提供相应的支持。社会网络规模的扩大与互联网信息传播速度快、用户基数大的特点相协同,进一步加强了企业线上经营过程中,获取关键市场、政策、消费者信息的有效途径。而其获取信息的能力越强,取得高绩效的可能性越高(Baum 等,2000)。因此,本书假设:

H3:企业线下社会网络规模能够缓解国际化扩张过程中,线上、线下制度扩张速度差对跨境电商平台退出的影响。

### 3. 东道国制度环境的影响

基于制度理论,东道国制度环境是影响企业国际化模式和国际化绩效的重要因素(Hernández 和 Nieto,2015)。当东道国与母国制度距离较大时,制度和市场一致性差异也较大,当地国家市场缺乏合法性或市场经验从而难以适合,对于企业在国际化过程中的跨越能力而言,在向不同制度环境的国家扩张过程中,经验学习作用于企业的效果也不同,对企业国际化模式选择方面产生的影响也存在较大差异。此时,当企业面对巨大的制度差异时,相对于依托市场中介缓慢的,传递片面的、不全面信息,而充分、快速把握各类信息,才能真正做到快速市场进入,从而把握先动优势。与传统线下经营方式相比,线上经营更多的依靠同步反应系统(Luo、Zhao 和 Du,2005),为企业提供了快速缩短地理和心理距离的渠道,并为企业快速反应系统的建立奠定了基础。通过与客户、政府和其他市场主体快速交流的方式在短时间内促进信息交换,构建东道国制度环境内部秩序和外部网络,扩展资源和能力,开发不同于本国的社会网络连接。

因此,在面对制度差异较大的远距离特征市场时,有效的信息交流机制使进入线上经营的企业不必拥有强有力的本土支持基础或像线下企业一样遵循增量和序贯经营方法。通过迅速的线上扩张可以使企业可依托自身学习能力,帮助企业快速积累市场知识、经营经验和信息洞察力（Qian、Khoury、Peng 和 Qian，2010），构建企业快速学习和反应机制，将多方向市场主体纳入信息决策系统之中，通过增强自身反应力和知识学习共享能力减少对当地知识性资源依赖，以此摆脱传统第三方市场中介，为企业在接下来的市场扩张、新市场进入和本土管理等方面提供借鉴和经验，从而缓解了早期进入和退出跨境电商平台之间的关系，抵消先前经验的影响（Johanson 和 Vahlne，1977；Gabrielsson 等，2014；Oviatt 和 McDougall，1999）。因此，本书假设：

H4：东道国制度距离能够缓解国际化扩张过程中，线上、线下地区扩张速度差对跨境电商平台退出的影响。

Deng 和 Sinkovics（2018）首次提出了制度扩张理论（Theory of Rapid Expansion Across Institutions），指出了企业跨国商业活动中扩张速度的矢量化特征，认为不同国家的不同扩张速度必然深刻影响企业国际化模式和绩效。对于企业在国际化过程中的市场扩张速度而言，由于高制度国家的制度同质性强于低制度国家，国际扩张过程的经验学习作用在高制度条件国家与低制度条件国家的效果也不同，对国际贸易影响和模式选择方面必然业会产生不同的效果（Dacin 等，2002）。因此向高于或低于本国制度环境的不同国家扩张的过程中，社会网络的作用大小和作用机制存在着较大差异，企业利用社会网络在不同制度国家的商业活动中的效果也必然有较大区别。当企业进入开放程度较高的市场时，由于良好的制度环境和市场化条件，东道国市场建设完善，正式制度作用远远大于非正式制度和人际关系的作用（Lin 等，2005；Hernández 和 Nieto，2015）。因此进入门槛较低，竞争关系公平，快速灵活的应对市场变化至关重要（Edwards，1993）。而企业进入开放程度较低的市场中，企业与政治主体建立更多连接，获取政府政策支持尤为重要（Rahaman，2016），企业在线下渠道付出更多的高昂关系维护成本，进而在线上与线下两种不平衡市场环境间造成强烈的时间压缩成本，而限制一方市场上的扩张（Elfring 和 Hulsink，2007；Deng 和 Sinkovics，2017；Levanti 和 Mocciaro，2016）。

社会网络被认为是点、线与网络结构的总和（Ahuja 等，2012），在自发性网络出现时，环境变化所引发的主体反应让相似的主体聚集到一起（Baum、Shipilov 和 Rowley，2003；Gulati 等，2012），形成了小世界网络，即拥有高度到达性和本地集聚性的网络结构（Newman，2003）。社会网络的多样性代表了主体之间的差异性，这体现在主体所处的行业、人口特征、文化归属等的不同（Freeman，2004）。社会网络多样性为企业提供了异质性资源渠道，从而减少了企业资源获取成本、规避了风险（Elfring 和 Hulsink，2003）。例如，客户主体可为企业提供产品或使用体验信息等，帮助企业把握市场需求；政府主体可发布政策法规，提示企业潜在市场经营风险，帮助企业减少市场不确定性；合作伙伴主体则可促进资源整合，提升企业资源使用率和利润率。当企业向低制度国家扩张时，企业在线下经营中社会网络多样性的缺乏会导致连接主体单一化，同质性的信息资源，不能对企业在东道国的经营提供全面的帮助，更需要多样化的连接主体为生产、销售、管理伙伴关系等环节服务。因此本书假设：

H5a：向低制度国家扩张时，企业线下社会网络多样性缓解作用的影响大于向高制度国家扩张时的影响。

与传统线下经营方式相比，线上经营更多的依靠同步反应系统（Luo、Zhao 和 Du，2005），即通过与客户、政府和其他市场主体快速交流的方式在短时间内促进信息交换。而社会网络的规模则意味着信息流流经至企业所在的网络位置（Hansen，1995）。在此过程中，企业可以提升自身学习能力，并将多方向市场主体纳入信息决策系统之中，通过增强自身反应力和知识学习共享能力减少对当地知识性资源依赖，以此摆脱传统第三方市场中介，减少经营环节，提升市场进入速度。线上经营通常能够依靠互联网信息传播速度快、用户基数大的特点，企业社会网络的规模能够随着线上辐射度的增强扩展至市场的各个角落，帮助企业取得关键市场、政策、消费者信息。在市场环境较为开放的国家，贸易壁垒对企业造成的阻碍相对较少，各类市场主体信息相互流动，减少了信息不对称性，为企业的快速反应系统的建立奠定了基础（Edwards，1993）。因此，信息传递的效率决定了企业进入市场速度的快慢。而在开放程度较低的市场内，快速的扩张速度会引起强烈的时间压缩不经济性（Deng 和 Sinkovics，2017），扩张速度的提升则意味着企业自身从壁垒冲击中调整恢复的时间变少以及成本的增加。受到市场不平衡的影响，企业自身拥有的经验资源也无法确保其与当地的竞争优势。企业容易遵循惯性出现资源配置失误，地理距离对企业经营绩效影响较大（O'Grady 和 Lane，1996）。此时，企业需要调整认知和结构才能适应目标地市场环境，这就意味着企业需要更多的东道国政治主体的连接（Rahaman，2016）。在这一过程中，显然线下的社会网络的作用不容忽视。因此，本书假设：

H5b：向低制度国家扩张时，企业线下社会网络规模缓解作用的影响大于向高制度国家扩张时的影响。

## （二）数据和方法

### 1. 样本和数据收集

本书利用入户调研模式，收集了北京、上海、苏州、杭州、天津五个中国城市电子商务经销商的客观数据。选择了中国的电子商务销售企业作为研究样本原因在于：一是目前中国拥有全球规模最大的互联网用户，达到9亿人之多，在数字创新驱动的全球价值链变革中，用户发挥了决定性的作用，甚至成为全球价值链中的起点；二是中国是全球第二大跨国公司国际投资流入国和来源国，是全球价值链分工中不可或缺的一环。此外2018年颁布的《电子商务法》从国家层面支持小型微型企业从事跨境电子商务。

本书先通过各省市网信办和电子商务管理部门，收集了上述五个城市工业产品电子商务销售企业名单，共计收集了1279家电子商务销售企业。为了防止数据收集偏差，上述企业需要满足以下条件：第一，需要同时是生产企业和国际贸易销售企业而非单纯的外贸中间商；第二，需要在观测期内同时具有线上和线下销售经验；第三，需要在线上和线下都具有国际贸易销售经验；第四，在观测期内上述企业持续营业。

随后利用入户走访和电话调研方式对上述国际电商销售企业2015—2018年的销售数据和社会网络数据等客观数据进行了收集。其中456个国际电子商务销售企业返回了有效数据，并形成了4期2049个观测值的国际电子商务销售企业的数据库。

### 2. 变量说明

#### （1）因变量

本书利用国际电子商务销售企业电子商务平台退出作为因变量衡量线上、线下区域跨越速度差异，线下社会网络多样性，线下社会网络规模，制度距离等因素对国际电子商务退出的影响。在国际贸易和电子商务市场研究中，利用生存分析研究市场退出的影响因素已经成为较为主流的研究因变量，企业在国际贸易和电子商务市场上的退出行为（市场生存）往往代表着企业整体业绩水平，企业的市场退出无疑是企业整体业绩较差的表现（Deng 等，2014；Disney 等，2003；Wang 等，2013）。因此，本书对国际贸易销售者进行调研，以其退出所有电子商务市场作为衡量因变量的方法，如果当年之后企业退出了电子商务市场，则设定电子商务退出虚拟（Exit）变量为 1，否则为 0（Wang 等，2013）。

（2）解释变量

为了衡量国际跨越速度，引入 Deng 和 Sinkovics（2017）的研究，利用已有跨各个国家销售额和销售者在该国销售时间构筑销售国际跨越速度变量如下：

$$Speed_{it} = \sum \frac{S_{ikt}}{t_{0it} - t_{ikt} + 1} \quad (4-1)$$

$S_{ikt}$ 表示第 i 个销售者在第 k 国家第 t 期的销售额占总销售额的比例，$t_{0it}$ 为第 i 个销售者在第 t 期起计算的跨国销售时间，$t_{ikt}$ 为第 i 个销售者在第 t 期起计算的在第 k 国家销售时间，为了避免取得空值，在分母加 1。

$Speed_{iton}$ 为线上国际跨越速度，$Speed_{itoff}$ 为线下国际跨越速度，因此线上、线下国际跨越速度差异为：

$$Gap_{it} = Speed_{iton} - Speed_{itoff} \quad (4-2)$$

（3）调节变量

为了验证国际销售者线下社会网络地域多样性，本书利用 Baer（2010）的研究，通过调研统计了国际销售商负责人（法人代表、总经理、销售主管和财务主管）当年主要境外联络人（通讯录最频繁通讯前 20 人）所在的城市。以 $p_{it}$ 为某一境外国家联络人在全部境外联络人的占比。利用式（4-3）计算销售者线下社会网络地域多样性：

$$Netdiversity_{it} = 1 - \sum p_{it}^2 \quad (4-3)$$

根据 Baer（2010）的研究，本书利用国际销售商负责人（法人代表、总经理、销售主管和财务主管）通讯录国际联系人（居住在国外）数量作为社会网络规模变量。

最后我们使用世界治理指数（Worldwide Governance Indicators）全部 6 个指标平均值作为衡量制度距离的指标方法（Institutional Distance），上述制度距离被销售额加权平均（Kaufmann 和 Kraay，2018）。

**（4）控制变量**

为了模型稳健性，消除模型数据偏差，本书引入相关控制变量。为了控制线上区域跨越速度对线上、线下区域跨越速度差异的影响，本书根据式（4-1）以当年销售者线上跨越速度作为控制变量（*Speedonline*）；利用销售者在线销售的年数作为线上销售时间变量（*Age*）；利用当年销售者线上评价好评率作为控制变量（*Rate*）。根据当年销售者财务数据，统计线上销售平均利润率作为控制变量（*Profitrate*），利用当年销售者所有产品（包括线上和线下销售产品）平均销售价格对数值作为控制变量（*Price*）。利用当年销售者组织中正式员工数量作为销售者规模的控制变量（*Size*），作为公司规模控制变量。利用当年销售者在线上、线下销售的产品总数量（种类总数）作为产品多样性控制变量（*Diversity*）。利用当年销售者线上、线下销售涉及的境外国家数量作为控制变量（*Counumber*）。利用当年销售者线上销售占整体销售额比例作为线上销售占比的控制变量（*Salerate*）。全部变量统计特征和相关系数输出在表 4-1 中。

表 4-1 变量描述和相关系数

| | 1 | 2 | 3 | 4 | 5 | 6 | 7 | 8 | 9 | 10 | 11 | 12 | 13 | 14 |
|---|---|---|---|---|---|---|---|---|---|---|---|---|---|---|
| 平台退出 | 1.000 | | | | | | | | | | | | | |
| 线下国际跨越速度差异 | 0.285 | 1.000 | | | | | | | | | | | | |
| 线下社会网络多样性 | −0.260 | −0.011 | 1.000 | | | | | | | | | | | |
| 线下社会网络规模 | −0.289 | 0.031 | −0.000 | 1.000 | | | | | | | | | | |
| 制度距离 | 0.118 | −0.017 | −0.222 | −0.069 | 1.000 | | | | | | | | | |
| 线上扩张速度 | 0.070 | 0.564 | 0.196 | 0.100 | −0.240 | 1.000 | | | | | | | | |
| 线上销售时间 | −0.011 | −0.037 | 0.051 | −0.040 | 0.005 | −0.025 | 1.000 | | | | | | | |
| 线上评价好评率 | −0.143 | 0.008 | 0.091 | 0.068 | −0.106 | 0.090 | 0.030 | 1.000 | | | | | | |
| 线上销售平均利润率 | −0.040 | 0.013 | −0.113 | 0.019 | −0.084 | 0.096 | −0.036 | 0.029 | 1.000 | | | | | |
| 平均销售价格对数值 | −0.084 | 0.056 | 0.355 | −0.015 | −0.103 | 0.167 | 0.040 | 0.091 | −0.079 | 1.000 | | | | |
| 销售者规模 | 0.039 | 0.081 | 0.017 | 0.033 | −0.019 | −0.004 | −0.020 | −0.026 | 0.072 | −0.046 | 1.000 | | | |
| 产品多样性 | −0.075 | 0.105 | 0.172 | 0.084 | −0.166 | 0.183 | 0.007 | 0.090 | 0.083 | 0.144 | 0.232 | 1.000 | | |
| 国家多样性 | −0.028 | −0.031 | −0.025 | −0.014 | 0.032 | −0.050 | −0.028 | 0.007 | −0.008 | 0.017 | −0.003 | −0.027 | 1.000 | |
| 线上销售占比 | 0.022 | −0.098 | −0.178 | −0.016 | 0.133 | −0.144 | −0.013 | −0.067 | −0.003 | −0.378 | −0.004 | −0.135 | 0.036 | 1.000 |
| 均值 | 0.301 | 0.261 | 0.288 | 24.785 | 5.748 | 0.665 | 2.331 | 0.832 | 0.175 | 1.323 | 10.652 | 7.520 | 7.759 | 0.648 |
| 方差 | 0.459 | 0.113 | 0.279 | 12.983 | 1.406 | 0.180 | 1.348 | 0.146 | 0.076 | 0.884 | 4.786 | 4.838 | 7.539 | 0.402 |

注：P值小于0.01时，相关系数大于0.024。

## （四）实证分析

### 1. 回归结果

本书首先利用生存分析模型（Cox 模型），以跨境电商退出虚拟变量（Exit）作为因变量，进行回归分析，分析对相关解释变量对跨界电商退出的影响。首先，本书检验主效应，即假设1，相关回归结果输出在表 4-2 中。根据表 4-2 回归结果，线上、线下区域跨越速度差异（Gap）对企业退出跨界电商平台具有显著的正向影响，过大的区域跨越速度差异会导致销售者线下销售经验无法应对快速的线上区域扩张，导致电商平台的退出。假设1被回归结果验证。

根据表 4-2 回归结果，Gap 与 Netdiversity 交叉项、Gap 与 Netdiversity 交叉项以及都有负向的显著的回归系数，证明线下社会网络的多样性与线下社会的规模能够缓解线上、线下区域跨越速度差异带来的电商平台退出作用，假设2和假设3继续得到验证。进一步，Gap 与 Institutional Distance 交叉项回归系数也显著为负，证明东道国制度距离能够缓解国际化扩张过程中，线上、线下地区扩张速度差对跨境电商平台退出的影响，假设4得到验证。

其次，本书对假设5a、5b 进行回归验证，先利用 *Gap* 与 *Netdiversity* 以及 *Gap* 与 *Netsize* 交叉项分析线下社会网络多样性及线下社会网络规模对线上、线下区域跨越速度差异的调节作用，进而利用 Institutional Distance 分组和 Z 值检验分析向不同制度环境国别扩张的企业不同的线下社会网络多样性及线下社会网络规模的调节作用，相关回归结果在表 4-3 中。假设5a、假设5b 通过检验。

### 2. 稳健性检验

本书进一步对回归结果进行稳健性检验，利用 Logit model 进行回归分析，相关回归系数见表 4-4、表 4-5。而相关回归结果继续支持了假设1—假设5。

表 4-2　　国际市场退出（Cox 模型，全样本）

| Cox 模型 | 1 | 2 | 3 | 4 | 5 | 6 |
| --- | --- | --- | --- | --- | --- | --- |
| 线上扩张速度 | 1.678*** (4.87) | -0.455*** (-1.03) | -0.512*** (8.41) | -0.408*** (7.74) | -0.351*** (4.12) | -0.217*** (5.84) |
| 线上销售时间 | -0.224*** (-6.42) | -0.221*** (-6.36) | -0.220*** (-6.32) | -0.224*** (-6.46) | -0.224*** (-6.44) | -0.227*** (-6.53) |
| 线上评价好评率 | -0.832*** (-3.61) | -0.786*** (-3.44) | -0.789*** (-3.45) | -0.780*** (-3.40) | -0.810*** (-3.54) | -0.819*** (-3.55) |
| 线上销售平均利润率 | -1.751*** (3.00) | -1.358** (-2.23) | -1.214** (-2.01) | -1.302** (-2.13) | -1.280** (-2.10) | -1.015* (-1.67) |
| 平均销售价格对数值 | -0.021 (-0.37) | -0.010 (-0.18) | -0.009 (-0.16) | -0.010 (-0.17) | -0.011 (-0.19) | -0.007 (-0.12) |
| 销售者规模 | 0.016*** (1.80) | 0.007 (0.81) | 0.008 (0.94) | 0.007 (0.83) | 0.006 (0.69) | 0.008 (0.86) |
| 产品多样性 | -0.010 (-0.99) | -0.014 (-1.36) | -0.015 (-1.51) | -0.012 (-1.24) | -0.014 (-1.39) | -0.014 (-1.41) |
| 国家多样性 | -0.005 (-0.86) | -0.005 (-0.84) | -0.005 (-0.84) | -0.005 (-0.87) | -0.005 (-0.87) | -0.005 (-0.91) |
| 线上销售占比 | -0.066 (-0.57) | 0.074 (0.63) | 0.084 (0.72) | 0.076 (0.65) | 0.063 (0.54) | 0.074 (0.63) |
| 线下社会网络多样性 | -1.725*** (-9.12) | -1.381*** (-7.25) | 0.694 (1.09) | -1.362*** (-7.16) | -1.420*** (-7.43) | 0.840 (1.32) |

续表

| Cox 模型 | 1 | 2 | 3 | 4 | 5 | 6 |
|---|---|---|---|---|---|---|
| 线下社会网络规模 | -0.047*** (-10.65) | -0.046*** (-10.35) | -0.046*** (-10.25) | 0.004 (0.32) | 0.000*** (-10.93) | 0.007 (0.55) |
| 制度距离 | 0.101*** (2.83) | 0.051 (1.43) | 0.041 (1.16) | 0.049 (1.37) | 0.334** (2.47) | 0.412*** (2.89) |
| 假设1：线下国际跨越速度差异 | | 5.168*** (8.34) | 6.696*** (8.41) | 8.523 (7.74) | 10.579*** (4.12) | 17.374*** (5.84) |
| 假设2：线下国际跨越速度差异×社会网络多样性 | | | -6.943*** (-3.36) | | | -7.534*** (-3.62) |
| 假设3：线下国际跨越速度差异×社会网络规模 | | | | -0.167*** (-3.91) | | -0.177*** (-4.01) |
| 假设4：线下国际跨越速度差异×制度距离 | | | | | -0.908** (-2.20) | -1.184*** (-2.75) |
| 区域虚拟变量 | 已控制 | 已控制 | 已控制 | 已控制 | 已控制 | 已控制 |
| 极大似然值 | -4110.097 | -4067.094 | -4061.741 | -4060.4244 | -4064.501 | -4051.080 |
| LR 检验 | 373.48 | 459.49 | 470.20 | 472.83 | 464.68 | 491.52 |
| 观测值 | 2049 | 2049 | 2049 | 2049 | 2049 | 2049 |

注：(1) 模型为 Cox 模型，因变量为平台退出。(2) Z 值报告 *、**、*** 分别代表在 10%、5% 和 1% 水平下显著。

表4-3 国际市场退出（Cox模型，分样本）

| Cox 模型 | 1 | 2 | 3 | 4 | 5 | 6 |
|---|---|---|---|---|---|---|
| 贸易方向 | 高制度国家 | 低制度国家 | 高制度国家 | 低制度国家 | 高制度国家 | 低制度国家 |
| 线上扩张速度 | -0.355<br>(-0.73) | -3.415***<br>(-4.28) | -0.343<br>(-0.70) | -3.362***<br>(-4.24) | -0.142<br>(-0.29) | -3.346***<br>(-4.19) |
| 线上销售时间 | -0.204***<br>(-5.42) | -0.163***<br>(-2.46) | -0.204***<br>(-5.43) | -0.168***<br>(-2.90) | -0.210***<br>(-5.57) | -0.166***<br>(-2.87) |
| 线上评价好评率 | -0.931***<br>(-3.81) | -1.271**<br>(-2.46) | -0.930***<br>(-3.81) | -1.270**<br>(-2.43) | -0.976***<br>(-3.97) | -1.290**<br>(-2.46) |
| 线上销售平均利润率 | -1.480**<br>(-2.31) | -1.591<br>(-1.45) | -1.484**<br>(-2.32) | -1.589<br>(-1.44) | -1.305**<br>(-2.03) | -1.519<br>(-1.38) |
| 平均销售价格对数值 | -0.036<br>(-0.59) | -0.037<br>(-0.36) | -0.036<br>(-0.59) | -0.045<br>(-0.43) | -0.032<br>(-0.53) | 0.049<br>(-0.47) |
| 销售者规模 | 0.008<br>(0.85) | 0.004<br>(0.27) | 0.008<br>(0.84) | 0.004<br>(0.24) | 0.006<br>(0.67) | 0.004<br>(0.27) |
| 产品多样性 | -0.010<br>(-0.99) | -0.055**<br>(0.021) | -0.010<br>(-0.97) | -0.054**<br>(-2.52) | -0.011<br>(-1.03) | 0.055**<br>(-2.56) |
| 国家多样性 | -0.002<br>(-0.27) | -0.007<br>(-0.60) | -0.002<br>(-0.26) | -0.006<br>(-0.56) | -0.002<br>(-0.31) | 0.006<br>(-0.55) |
| 线上销售占比 | 0.035<br>(0.27) | 0.004<br>(0.02) | 0.034<br>(0.26) | -0.018<br>(0.08) | 0.027<br>(0.21) | -0.029<br>(-0.14) |
| 线下社会网络多样性 | -0.401<br>(-0.56) | 0.139<br>(0.11) | -0.538**<br>(-2.55) | -2.371***<br>(-6.14) | -0.197<br>(-0.27) | 0.998<br>(0.07) |

续表

| Cox 模型 | 1 | 2 | 3 | 4 | 5 | 6 |
|---|---|---|---|---|---|---|
| 线下社会网络规模 | -0.041*** (-8.67) | -0.047*** (-5.74) | -0.035** (-2.02) | 0.004 (0.19) | -0.033* (-1.88) | 0.005 (0.20) |
| 制度距离 | 0.004 (0.11) | 0.020 (0.31) | 0.005 (0.12) | 0.025 (0.39) | 0.448*** (2.91) | 0.094 (0.41) |
| 假设1：线下国际跨越速度差异 | 6.030*** (6.97) | 10.534*** (6.63) | 6.324*** (5.12) | 12.406*** (6.15) | 15.267*** (4.69) | 15.027*** (4.05) |
| 假设2：线下国际跨越速度差异×社会网络多样性 | -0.466 (-0.20) | -8.237** (-2.03) | | | -1.347 (-0.57) | -7.985* (-1.92) |
| 假设5a：社会网络多样性调节效应的分组 Z 值比较 | 4.467*** | | 3.970*** | | | |
| 假设3：线下国际跨越速度差异×社会网络规模 | | | -0.021 (-0.39) | -0.175** (-2.42) | -0.030 (-0.55) | -0.173** (-2.39) |
| 假设5b：社会网络规模调节效应的分组 Z 值比较 | | 4.095*** | | 3.429*** | | |
| 假设4：线下国际跨越速度差异×制度距离 | | | | | -1.430*** (-3.05) | -0.253 (-0.36) |
| 区域虚拟变量 | 已控制 | 已控制 | 已控制 | 已控制 | 已控制 | 已控制 |
| 极大似然值 | -3346.129 | -1084.409 | -3346.074 | -1083.760 | -3340.942 | -1081.892 |
| LR 检验 | 346.87 | 310.99 | 346.98 | 312.29 | 357.24 | 316.03 |
| 观测值 | 1710 | 929 | 1710 | 929 | 1710 | 929 |

注：(1) 模型为 Cox 模型，因变量为平台退出。(2) Z 值报告 *、**、*** 分别代表在10%、5%和1%水平下显著。

表4-4　　国际市场退出（Logit模型，全样本）

| Logit模型 | 1 | 2 | 3 | 4 | 5 | 6 |
|---|---|---|---|---|---|---|
| 线上扩张速度 | 3.252*** (7.80) | -0.058 (-0.11) | -0.284 (-0.54) | -0.072 (-0.14) | 0.015 (0.03) | 0.072 (0.14) |
| 线上销售时间 | 0.010 (0.22) | 0.033 (0.70) | 0.034 (0.71) | 0.040 (0.84) | 0.031 (0.67) | 0.041 (0.84) |
| 线上评价好评率 | -1.770*** (-4.74) | -1.814*** (-4.65) | -1.800*** (-4.60) | -1.864*** (-4.66) | -1.860*** (-4.74) | -1.937*** (-4.77) |
| 线上销售平均利润率 | -2.932*** (-3.75) | -2.509*** (-2.99) | -2.243*** (-2.69) | -2.633*** (-3.05) | -2.480*** (-2.94) | -2.248*** (-2.60) |
| 平均销售价格对数值 | -0.058 (-0.77) | -0.049 (-0.62) | -0.040 (-0.50) | -0.063 (-0.78) | -0.045 (-0.57) | -0.034 (-0.41) |
| 销售者规模 | 0.039*** (3.21) | 0.027** (2.13) | 0.032** (2.45) | 0.026** (1.97) | 0.026** (2.04) | 0.030** (2.20) |
| 产品多样性 | -0.019 (-1.52) | -0.026** (-1.98) | -0.028** (-2.11) | -0.026* (-1.89) | -0.027** (-2.00) | -0.028** (-2.02) |
| 国家多样性 | -0.005 (-0.72) | -0.006 (-0.73) | -0.006 (-0.74) | -0.006 (-0.77) | -0.006 (-0.73) | -0.007 (-0.85) |
| 线上销售占比 | -0.058 (-0.35) | 0.168 (0.98) | 0.213 (1.22) | 0.195 (1.11) | 0.158 (0.92) | 0.168 (1.38) |
| 线下社会网络多样性 | -2.897*** (-11.77) | -2.539*** (-10.00) | 1.787** (2.38) | -2.619*** (-10.04) | -2.614*** (-10.18) | 2.381*** (3.18) |

续表

| Logit 模型 | 1 | 2 | 3 | 4 | 5 | 6 |
|---|---|---|---|---|---|---|
| 线下社会网络规模 | -0.082*** (-13.54) | -0.086*** (-13.70) | -0.090*** (-13.68) | 0.033** (2.28) | -0.090*** (-13.75) | 0.045*** (3.04) |
| 制度距离 | 0.136*** (2.96) | 0.066 (1.36) | 0.038 (0.77) | 0.062 (1.25) | 0.409*** (2.58) | 0.522*** (3.08) |
| 假设1：线下国际跨越速度差异 | | 8.624*** (10.96) | 12.221*** (11.68) | 18.034*** (12.09) | 15.610*** (4.94) | 33.497*** (8.61) |
| 假设2：线下国际跨越速度差异×社会网络多样性 | | | -15.002*** (-5.91) | | | -18.042*** (-6.96) |
| 假设3：线下国际跨越速度差异×社会网络规模 | | | | -0.438*** (-8.26) | | -0.494*** (-8.93) |
| 假设4：线下国际跨越速度差异×制度距离 | | | | | -1.165** (-2.31) | -1.693*** (-3.10) |
| 年度虚拟变量 | 已控制 | 已控制 | 已控制 | 已控制 | 已控制 | 已控制 |
| 区域虚拟变量 | 已控制 | 已控制 | 已控制 | 已控制 | 已控制 | 已控制 |
| 极大似然值 | -990.527 | -915.191 | -898.774 | -886.983 | -912.333 | -861.213 |
| Pseudo R2 检验 | 0.200 | 0.261 | 0.274 | 0.284 | 0.263 | 0.305 |
| 观测值 | 2049 | 2049 | 2049 | 2049 | 2049 | 2049 |

注：(1) 模型为 Cox 模型，因变量为平台退出。(2) Z 值报告 *、**、*** 分别代表在10%、5%和1%水平下显著。

表 4-5　国际市场退出（Logit 模型，分样本）

| Logit 模型 | 1 | 2 | 3 | 4 | 5 | 6 |
|---|---|---|---|---|---|---|
| 贸易方向 | 高制度国家 | 低制度国家 | 高制度国家 | 低制度国家 | 高制度国家 | 低制度国家 |
| 线上扩张速度 | -0.112<br>(-0.20) | -4.197***<br>(-4.12) | -0.042<br>(-0.07) | -4.280***<br>(-4.28) | 0.171<br>(0.30) | -4.257***<br>(-4.34) |
| 线上销售时间 | 0.029<br>(0.58) | 0.132<br>(1.52) | 0.030<br>(0.60) | 0.125<br>(1.41) | 0.028<br>(0.55) | 0.137<br>(1.52) |
| 线上评价好评率 | -2.123***<br>(-4.92) | -2.297***<br>(-3.13) | -2.170***<br>(-4.97) | -2.250***<br>(-3.05) | -2.248***<br>(-5.09) | -2.335***<br>(-3.12) |
| 线上销售平均利润率 | -2.390***<br>(-2.77) | -2.821*<br>(-1.86) | -2.552***<br>(-2.93) | -3.254**<br>(-2.04) | -2.301***<br>(-2.62) | -2.949**<br>(-1.85) |
| 平均销售价对数值 | -0.092<br>(-1.09) | -0.079<br>(-0.49) | -0.097<br>(-1.14) | -0.122<br>(-0.73) | -0.078<br>(-0.91) | -0.096<br>(-0.56) |
| 销售者规模 | 0.028**<br>(2.03) | 0.035<br>(1.39) | 0.026*<br>(1.89) | 0.027<br>(1.07) | 0.025*<br>(1.85) | 0.034<br>(1.31) |
| 产品多样性 | -0.023<br>(-1.63) | -0.098***<br>(-3.34) | -0.022<br>(-1.53) | -0.174***<br>(-3.51) | -0.023<br>(-1.59) | -0.110***<br>(-3.55) |
| 国家多样性 | -0.000<br>(-0.03) | -0.026<br>(-1.57) | 0.000<br>(0.02) | -0.027*<br>(-1.67) | -0.001<br>(-0.07) | -0.026<br>(-1.56) |
| 线上销售占比 | 0.084<br>(0.45) | 0.552<br>(1.54) | 0.070<br>(0.38) | 0.550<br>(1.55) | 0.087<br>(0.46) | 0.588<br>(1.58) |
| 线下社会网络多样性 | 0.270<br>(0.32) | 1.963<br>(1.25) | -1.186***<br>(-4.11) | -4.717***<br>(-8.59) | 0.666<br>(0.79) | 2.479<br>(1.57) |

续表

| Logit 模型 | 1 | 2 | 3 | 4 | 5 | 6 |
|---|---|---|---|---|---|---|
| 线下社会网络规模 | -0.077*** <br> (-11.69) | -0.108*** <br> (-7.90) | -0.018 <br> (-0.95) | 0.051** <br> (2.05) | -0.014 <br> (-0.70) | 0.061** <br> (2.45) |
| 制度距离 | -0.028 <br> (-0.53) | 0.052 <br> (0.54) | -0.022 <br> (-0.42) | 0.079 <br> (0.81) | 0.592*** <br> (3.26) | 0.084 <br> (0.30) |
| 假设 1：线下国际跨越速度差异 | 10.422*** <br> (9.51) | 19.843*** <br> (9.00) | 13.169*** <br> (8.32) | 28.274*** <br> (9.23) | 28.316*** <br> (6.77) | 34.895*** <br> (6.41) |
| 假设 2：线下国际跨越速度差异 × 社会网络多样性 | -5.261* <br> (-1.78) | -20.996*** <br> (-4.07) | | | -7.349** <br> (-2.47) | -24.168*** <br> (-4.55) |
| 假设 5a：社会网络多样性调节效应的分组 Z 值比较 | | 4.040*** | | | 2.937*** | |
| 假设 3：线下国际跨越速度差 × 社会网络规模 | | | -0.018 <br> (-0.95) | -0.599*** <br> (-5.97) | -0.219*** <br> (-3.33) | -0.657*** <br> (-6.31) |
| 假设 5b：社会网络规模调节效应的分组 Z 值比较 | | | | 3.938*** | | 2.504*** |
| 假设 4：线下国际跨越速度差 × 制度距离 | | | | | -2.188*** <br> (-3.70) | -0.130 <br> (-0.14) |
| 年度虚拟变量 | 已控制 | 已控制 | 已控制 | 已控制 | 已控制 | 已控制 |
| 区域虚拟变量 | 已控制 | 已控制 | 已控制 | 已控制 | 已控制 | 已控制 |
| 极大似然值 | -795.791 | -262.672 | -792.945 | -255.335 | -783.332 | -245.975 |
| Pseudo R2 检验 | 0.237 | 0.446 | 0.240 | 0.461 | 0.249 | 0.481 |
| 观测值 | 1693 | 889 | 1693 | 889 | 1693 | 889 |

注：(1) 模型为 Cox 模型，因变量为平台退出。(2) Z 值报告 *、**、*** 分别代表在 10%，5% 和 1% 水平下显著。

## （五）结论、建议与研究展望

1. 结论

通过对利用跨境电商平台的企业相关数据进行的回归分析，验证本书提出的相关假设，并结合社会网络的理论，得出了电子商务环境下，企业线上、线下区域跨越速度差异相关研究结论。

首先，本书有别于传统国际商务研究多聚焦于人力资本、技术资本等有形资源影响的局限。基于电子商务情景，本书从企业自身条件出发，分析企业在国际市场进入过程中，社会网络这一无形资源的影响。研究发现在国际电子商务的情境下，线上经营、线下经营二者之间的过大差距可能负向地影响电子商务平台的销售业绩，导致企业退出跨境电商平台。然而企业线下社会网络多样性和线下社会网络规模能够缓解企业线上、线下区域跨越速度差异对企业在跨境电商平台退出所带来的影响。即使在电子商务技术和商业模式已经较为成熟的条件下，企业跨区域的市场扩展过程中仍然要面临企业声誉、客户服务、物流运输、供应链管理等与传统线下经营息息相关的商业环节，具有较强线下社会网络多样性和社会网络规模的企业能够借助线下社会网络获得不同国别之间差异化的商业信息、知识，积累跨区域商业资源，有针对性地弥补线上、线下跨越经验差异所带来的负面的商业冲击，并实现线下经营到线上经营的平稳转换，最大限度地享受电子商务带来的政策、商业和技术红利。

其次，本书从制度条件视角出发，发现东道国制度距离越大，企业线上、线下地区扩张速度差对跨境电商平台退出的影响越小。尽管在制度差异较大的国家，线上、线下两种不同的市场进入模式的经营效果存在着差异，但这种差异对于企业国际市场扩张效果的影响作用在减弱。这表明制度距离为线上经验带来新机会，电子商务使"数字全球化"的意义更加凸显。信息技术打破了传统经营观念中空间的限定，以无形的信息作为载体，提升企业的组织反应和调节能力，数字信息的便捷优势使企业在陌生的市场环境中能够获得更低的交易成本和更高的沟通效率。在制度差异越大的目的国家进行市场扩张时，对于跨境电商平台的利用，更多的是依靠其来拓宽陌生市场的信息渠道，探索关键性资源，缩短企业与市场在时间和空间上的距离。因此，企业根据目的国制度条件选择适当的市场进入策略可以规避制度风险和有效利用资源。

最后，从制度条件的差异化视角出发，进一步在两个不同方向的国际市场中（高于母国制度条件的国家与低于母国制度条件的国家）进行社会网络规模与社会网络多样性的差异化影响研究，发现向低制度国家扩张时，企业线下社会网络多样性、社会网络规模对于缓解跨境电商作用的影响大于向高制度国家扩张时的影响。由于高制度国家的制度同质性强于低制度国家，企业进入开放程度较高市场时，进入门槛较低，竞争关系公平，因此向高制度国家扩张的过程中，先前的知识、经验在线上与线下两种模式间，构建与拓展是均质性的，此时社会网络所发挥业绩作用被削弱。而进入开放程度低的市场中，获取当地资源及政府支持则至关重要，而此类关系的建立无法依靠线上模式完成，企业只能选择通过实际商业活动、登门拜访甚至贿赂等方式与目标市场建立稳固的联系，这一过程中线下社会网络发挥的作用不容小觑。通过比较研究揭示了社会网络与国际市场扩张之间的互动耦合机制，进而解锁企业国际市场扩张进程与效果影响机制的"理论黑箱"。从社会网络和制度扩展动态匹配的角度，研究结论有助于企业针对不同国别提出差异化国际市场进入的电商应用选择策略，帮助企业在贸易波动外部环境下，增强市场开拓的稳定性，提升国际市场效益，实现可持续发展。

## 2. 管理学建议

全球价值链日益复杂开放的生态系统对现代企业国际市场的开拓充满挑战，2020年全球扩散的新冠肺炎疫情已在一定程度上破坏了全球价值链分工的基础，并且愈演愈烈的贸易摩擦也在一定程度上抬高了企业开拓海外市场过程中全球布局价值链的交易成本。面对"黑天鹅"事件时，传统贸易的国际市场进入手段难以有效地发挥作用，而高科技手段如信息技术和跨境电商平台能够大大降低新市场的开发成本。本书的研究方法和研究结论能够启发和推动企业国际化扩张中跨境电商平台利用的研究，尤其是随着信息技术的持续发展带来的管理理念变革和发展中国家的自由化政策放宽。本书的研究结论为国际电子商务销售企业提供了针对性的国际市场开发策略，为顺利"走出去"提供了重要的实践价值。

企业面对不同贸易目的国的差异化制度条件，应有针对性地开发国际市场的商贸资源，在科学有效利用信息技术手段的同时，仍不要忽视传统社会网络的作用，尤其是开拓自由程度较低的目的国市场时，应充分了解当地的法律法规和经营环境，与当地工会或政府构建有助于企业发展的本土化社交网络，使企业社会网络动态构建与国际市场拓展过程互动耦合，通过线上与线下的有机结合，合理有效规划国际市场进入方式。

在此基础上，企业要积极拥抱数字创新驱动的全球价值链变革，跨越国际市场拓展过程中遇到的制度鸿沟。企业在扩展海外市场时，通过合适的时机利用信息技术平台，从而不断融入平台生态，寻找机会赢得更大的成长空间，进而以更加主动的姿态融入全球价值链分工体系之中。

## 3. 未来研究

尽管本书基于社会网络的视角，对企业国际化扩张中跨境电商平台利用的相关理论进行了发展,并提出了具体的实践建议,但仍存在以下一些局限。

在数据收集方面,本书样本选取地区范围仅在中国五个城市范围之内,在未来研究中,还将进行更大范围的调研走访和问卷发放,在考虑扩大研究样本地域范围的基础上,进行持续的问卷发放和数据收集,积累更长时间、更大范围的企业数据,进行长期化和动态化的研究分析,利用更为稳健的模型方法解决相关理论问题。

在研究设计上,本书仅分析了企业线下社会网络在跨境电商利用过程中所发挥的作用,然而随着5G通信、物联网等信息技术前沿领域的突破性进展,带动了全球价值链效率的提升。企业通过互联网能够与外界建立越来越多的社交联系,建立更多的线上社会网络关系,这些线上社会网络是否对电商的经营绩效同样产生影响?而线上社会网络是否会与线下社会网络相互影响?这种影响是否会进一步对电商平台的利用机制产生动态的作用?这些都是未来值得进一步探索的问题。因此,未来研究将囊括涵盖更多样化的社会网络构建,并分析相应的社会网络演化过程和社会网络效果的变化。

# 五 互联网平台化企业组织模式

## （一）引言

随着信息网络技术的迅猛发展和应用，以互联网为媒介的数字经济快速崛起，成为活跃我国经济发展的新动力。据测算（中国信息通信研究院，2020），2019 年中国数字经济总量达到 35.8 万亿元，占 GDP 的比重达到 36.2%，同比提升 1.4 个百分点，按照可比口径计算，2019 年我国数字经济名义增长超过 15.6%，高于同期 GDP 名义增速约 7.85 个百分点，数字经济在我国国民经济中的地位进一步凸显。作为一种新兴的经济业态，数字经济具有显著的平台化特征。互联网平台是数字经济的主要组织模式，是支撑数字经济发展的微观基础。

直观上，经济活动的核心在于利用不同经济主体的技能、资源和知识，生产和配置社会所需要的产品和服务，解决生产什么、如何生产和为谁生产问题。但是，如何最优地利用资源（如何生产）是不同经济主体的私有信息或知识，对不同产品和服务的评价和需求（生产什么、为谁生产）也只有这些分散的经济主体知道，因此，如何利用分散在不同经济主体的知识是所有经济问题的关键（Hayek，1945）。

计划、市场和企业都是解决如何利用分散知识问题的组织模式。在特定情况下，任何一种组织模式都有可能是最优的。在指令性计划模式下，计划主体只采用部分经济主体的分散知识做出生产活动决策，控制整个经济活动的生产、交换和消费。计划的好坏取决于计划所使用的部分知识可以多大程度上代表全社会的分散知识。当知识分散程度低、生产活动简单，同时计划采用的部分知识比例较高时，计划模式更可能有效。与之对比，市场经济模式则抛开了加总分散知识的组织模式，让各个经济主体成为其生产、交换、消费的决策主体。每一个市场主体都可以基于其私有信息做出相应的决策。一般而言，市场比计划要更有效率，尤其是随着经济活动复杂化，分散知识海量增加，计划模式更不可能有效率。

但是，市场也是有成本的，并不像亚当·斯密在《国富论》中论述的那么完美：经济个体完全无意识的自私自利决策就可以导致市场效率和社会最优的结果。个体作为分散知识的所有者，其目标与社会目标的不一致总会导致各种机会主义行为、讨价还价成本和协调问题等各种交易费用，造成经济效率损失。而企业组织模式就是降低市场这种交易而产生的（Coase，1937）。企业作为独立的市场主体，组织一定的经济个体和资源，利用他们的分散知识，形成生产、消费决策，在要素市场买入生产要素，并在产品市场卖出市场所需要的产品。而企业与市场之间的边界就是这两种组织模式解决如何利用分散知识，降低交易费用的差异。在市场可以以更低的成本解决分散知识的问题，生产出质量更好、成本更低的产品时，企业应当在市场上购买而不是靠自己生产；而当企业可以以更低的成本解决市场上的分散知识问题，避免市场交易中的机会主义、讨价还价和协调成本时，企业就会选择自己生产。[①]

互联网的发展和应用为解决市场交易中的机会主义、讨价还价和协调成本提供了极大的便利，尤其买卖双方进行交换所

---

① Grossman and Hart（1986）基于科斯的这种思想，就企业和市场两种组织模式进行了建模，从所有权的分配角度分析企业和市场在降低交易成本的优劣，进而得出何种条件下企业比市场更有效率。

需要的信息和知识的利用，并由此衍生出了很多的新业态。与传统经济的组织模式不同，互联网经济（数字经济）新业态主要采取平台化企业组织模式。互联网平台在匹配市场上的买卖双方或多方的需求与供给，解决互相之间的协调问题的同时，避免了各种机会主义行为，极大地降低了交易成本，提高了市场效率。从专业分工的角度来看，平台化企业组织模式得益于互联网的发展和应用，跨越了物理距离和空间的障碍，将匹配生产者供给与消费者需求的供需匹配服务环节专业化，平台上的生产者无须自己寻找消费者，而可以将这些资金和劳动力用于产品生产和质量提高，平台上的消费者无须自己寻找生产者，而只需要关注自己的需求即可。因此，互联网平台企业不仅颠覆了许多传统行业，同时也创造了许多新兴行业。颠覆的意义是指互联网平台极大地提高传统或线下平台的市场效率，例如传统超市和商场的数字化、电商平台等；而互联网平台催生的新业务则指线下无法实现专业化的供需匹配服务在数字化后所产生的新业务，例如社交媒体等。

现实中，互联网平台化企业随处可见，而且是互联网新业态的主要模式，具体包括网络中介公司（58同城），媒体行业（腾讯、爱奇艺、网飞），电商平台（亚马逊、淘宝、京东），搜索引擎（谷歌、百度）和操作系统公司（苹果、微软），社交平台（脸书、腾讯）。从平台的功能角度，平台企业可以被分成三类。一是市场创造型平台（market-makers），促使某一特定的用户组和其他用户组交易，平台的存在降低了成员之间的匹配难度、搜寻成本和时间，如证券交易所，电商平台等。二是受众创造型平台（audience-makers），吸引某种产品或服务的接收者或受众，例如将广告者和广告传播对象建立联系，广告受众数量越多，广告效果越好，如广告支持的报纸、杂志、黄页和很多互联网门户。三是需求协调型平台（demand-coordinators），两个市场之间协调双边的需求，从而解决搭便车和外部性问题，如操作系统、软件平台、支付体系等。市场制造型平台直接出售"交易"，受众创造型平台出售"信息"，需求协调型平台从双边的需求互补中获利。但是，无论何种类型的平台企业，平台存在的根本原因都是因为平台化组织模式比市场和传统企业更能降低交易成本、提高市场效率，且平台企业分享效率提高带来的利润。因此，平台化企业正在逐步取代传统企业，成为全球最高市值的公司。如据统计（中国信息通讯研究院，2019），截至2019年12月，全球市值前十企业中的8家企业均是数字平台企业模式，市值规模高达6.23万亿美元，占比88.4%。

## （二）平台企业的理论分析——双边市场视角

互联网平台企业同时服务于买卖双方或多方，因而也称为双边平台或多边平台企业，其经营的经济市场就是双边市场（Two-sided Markets）。在双边市场中，两组用户通过平台交易，其中一组用户的收益取决于另外一组用户的数量，即平台两端的用户存在着交叉网络外部性（indirect network externality）。这种网络外部性就是双边市场存在的关键，因为此时用户自己无法低成本地解决这种网络外部性造成的交易费用和搭便车问题。[①] 而平台企业的出现和兴起就是因为平台可以比其他市场机制和组织模式以更低的成本解决或减少这种交易费用，增进社会福利。因此，平台企业高效地解决信息不对称和交易费用问题是双边市场存在的充分条件。

根据 Rochet 和 Tirole（2006）的定义，当平台可以在不改

---

[①] 科斯定理失灵是双边市场存在的必要条件，但不是充分条件。科斯定理是指在一定条件下经济的外部性可以通过当事人的谈判来消除。具体而言，当产权是被清晰界定并且可交易，市场上不存在无交易费用和信息不对称，存在外部性的交易双方协调的结果是帕累托最优的。

变价格总量而只改变价格结构,即提高平台一端的价格并以同样比例减少另一端的价格而提高市场交易量时,市场是双边的。换言之,价格结构很重要,平台需要决定特定的价格结构使得两组用户都进入平台交易,解决两组用户自己无法解决的网络外部性问题。具体而言,假设平台企业存在买方(表示为 B)和卖方(表示为 S)两组用户,平台分别对买方和卖方收取价格为 $P\_B$ 和 $P\_S$。如果平台上的交易量只取决于总价格 $P = P\_B + P\_S$,而与具体 $P\_B$ 和 $P\_S$ 的数值无关,即交易量对买卖双方的费用分配不敏感,此时市场是单边的,均衡中买方价格和卖方价格取决于双边的讨价还价能力。按照科斯定理,此时即使市场上存在某种外部性,只要产权清晰,买卖双方也可以通过讨价还价的方式解决。相反,如果保持总价格不变,平台交易量与买方价格 $P\_B$ 和卖方价格 $P\_S$ 的分配有关,那么这个市场就是双边市场。因此,更为准确地说,价格结构非中性才是平台企业和双边市场存在的充分条件。正是由于这种价格结构非中性特征,平台对某一边的定价并不一定会反映其成本,存在交叉补贴现象。

为了更加直观地分析平台化企业的定价等特征,我们考虑 Armstrong(2006)建立的平台企业模型,假定平台服务于两类用户组 1 和 2,并对其收取一次性会员费(membership fee)分别为 $p_1$ 和 $p_2$。设平台上两组用户的数量分别为 $n_1$ 和 $n_2$。平台上两组用户 1 和 2 的效用为 $u_1 = \alpha_1 n_2 - p_1$ 和 $u_2 = \alpha_2 n_1 - p_2$。这种简单的设定就可以模型化平台的交叉网络外部性特征,因为增加任何一组用户的数量 $n_i$ 都可以提高另一组用户的效用($n_i \in \{n_1, n_2\}$)。例如,增加一个第 1 组用户可以增加第 2 组用户的效用 $\alpha_2$,其中 $\alpha_2$ 衡量了第 2 组用户在平台上与第 1 组用户交易产生的收益大小。同时,根据双边市场的定义,用户组 1 和 2 的这种交叉网络外部性是无法通过这两组用户之间讨价还价解决的,而必须由居中的平台通过收取一定的价格,同时将两组用户都吸引到平台上才可能解决。需要注意的是，这只是双边市场的一种网络外部性，被 Rochet 和 Tirole（2006）称为会员网络外部性（membership externality），这种网络外部性是指只需要增加一组用户的数量就可以提高另外一组用户的收益。与之对应的，平台可能还存在交易网络外部性（usage externality），这种网络外部性是指增加平台上用户交易数量，就可以成倍的增加平台的交易量。① 此时平台采取每次交易进行收费（usage fee），需要解决的问题不是如何让更多的用户加入到平台上，而是如何让平台上的用户更频繁地使用平台进行交易。实际上，平台的会员网络外部性和交易网络外部性可能同时存在，而这两种收费方式在平台企业中均很常见。表 5-1 归纳了四种常见平台的定价模式。更重要的，平台的收费方式是动态调整的，在平台建立前期平台更可能采取会员费（正的或负的）的方式，而当平台建立起来后，平台开始采用使用费的方式对发生在平台上的交易进行收费。

表 5-1    常见平台企业的收费方式

| 平台企业 | 双边用户 | 会员费 | 使用费 |
| --- | --- | --- | --- |
| 杂志 | 读者 | √ | × |
|  | 广告商 | × | √ |
| 电商平台 | 消费者 | × | × |
|  | 商户 | √ | √/× |
| PC 操作系统 | 用户 | √ | × |
|  | 软件开发商 | √ | |
| 支付系统 | 持卡人 | √ | × |
|  | 商户 | × | √ |

---

① 简单地，文献大多将交易网络外部性建模为假定平台交易数量 $n_1$，$n_2$，因此增加任何一组用户的交易数量都可以多倍地增加平台交易数量。详见 Rochet 和 Tirole（2003）。

续表

| 平台企业 | 双边用户 | 会员费 | 使用费 |
|---|---|---|---|
| 地产中介 | 买方 | × | √ |
|  | 卖方 | √ | × |

资料来源：根据 Evans 等（2011）的表1整理。其中：√和×表示平台对用户收费和不收费，需要注意的是收费可能是负数，即平台对用户进行补贴。

但是，无论是平台收取一次性会员费还是单次交易使用费，平台的中心问题不仅是选择既定的总价格水平（$p = p_1 + p_2$），而更重要的是决定价格结构，即价格在平台两端的分配问题，进而吸引双方进入平台或增加交易。这是平台盈利的关键（Rochet 和 Tirole，2003；Armstrong，2006）。为简化计算，我们仅考虑收取会员费的情况，而收取使用费的分析结果与之类似（Rochet 和 Tirole，2006；Wely，2010）。

我们假定平台上用户是否进入取决于其在平台上可以获得的效用大小，即 $n_1 = D_1(u_1)$ 和 $n_2 = D_2(u_2)$，其中函数 $D_1$ 和 $D_2$ 都是递增的，即提高用户在平台上能够获得的效用可以提高用户的数量。而且我们可以观察到，这种效用的提高有一种正向反馈作用，因为增加用户组1的效用会增加用户组1的数量，进而增加用户组2的效用，进而增加用户组2的数量，再次增加用户组1的效用。这种正向反馈作用正是来源于平台的交叉网络外部性。假定平台服务于两组用户的单位用户成本分别为 $f_1$ 和 $f_2$，则平台的收益为 $\pi = n_1(p_1 - f_1) + n_2(p_2 - f_2)$。

根据 Armstrong（2006）的定理1，垄断平台的最优定价满足：

$$\frac{p_1 - (f_1 - \alpha_2 n_2)}{p_1} = \frac{1}{\eta_1(p_1 \mid n_2)}; \frac{p_2 - (f_2 - \alpha_1 n_1)}{p_2} = \frac{1}{\eta_2(p_2 \mid n_2)} \quad (5-1)$$

其中 $\eta_1(p_1 \mid n_2) = \dfrac{p_1 \phi'_1(\alpha_1 n_2 - p_1)}{\phi_1(\alpha_1 n_2 - p_1)}$，$\eta_2(p_2 \mid n_1)$

$$= \frac{p_2 \phi'_2 (\alpha_2 n_1 - p_2)}{\phi_2 (\alpha_2 n_1 - p_2)}。$$

因此，垄断平台的最优定价策略满足类似于传统垄断企业最优定价的勒纳条件（Lerner indices）（$\frac{p-c}{p} = \frac{1}{e}$）。平台对任何一组用户的价格加成比例与用户的需求价格弹性成反比。但是，与传统垄断企业的定价不同，由于网络外部性的存在，平台服务于单个用户的实际成本（机会成本）需要减去其网络外部性带来的收益。例如，用户1的实际成本为（$f_1 - \alpha_2 n_2$），其中$\alpha_2 n_2$就是增加用户1给用户2带来的网络外部性收益。同时，任何一组用户的需求价格弹性也给定另外一组的数量下的需求价格弹性，即$\eta_1 (p_1 | n_2)$和$\eta_2 (p_2 | n_1)$。值得注意的是，竞争平台也同样采用类似的勒纳条件式的定价，与之不同的不过是在调整每个用户的实际成本中进一步减去用户增加带来的竞争性收益。假定用户只能选择一个平台使用，即用户是单属的（singlehoming），那么增加一个用户1的竞争性收益就等于（$\alpha_2 n_2$），因此增加一个使用本平台的用户1就可以减少一个用户1使用其他的平台。因此，服务于每个用户的实际成本就是（$f_1 - 2\alpha_2 n_2$），竞争平台对用户组1的定价就是 $\frac{p_1 - (f_1 - 2\alpha_2 n_2)}{p_1}$

$$= \frac{1}{\eta_1 (p_1 | n_2)}。$$

从平台企业最优定价的条件引申，我们可以得出几点平台企业的显著特征（Wright，2004；Armstrong，2006；Rochet 和 Tirole，2006；Wely，2010）。由于网络外部性的存在，平台的定价同时取决于平台双边的需求价格弹性、交叉网络外部性和边际成本的大小。因此，单边市场的规律在平台企业中可能不再适用。

第一，单边市场上，有效的价格结构应当反映相对成本。但是，在双边市场中，由于网络外部性收益的存在，相对成本

与实际相对成本差异很大。当这种网络外部性收益足够大时，平台中的一组用户可能会得到补贴，甚至是免费服务。这一点通过变化平台的最优定价就可以看出，例如，$p_1 = \frac{\eta_1(p_1|n_2)}{\eta_1(p_1|n_2)-1}(f_1-\alpha_2 n_2)$。显然，当 $f_1 < \alpha_2 n_2$ 时，平台对用户组1的定价 $p_1 < 0$，即平台对用户组1定价为负，此时补贴完全超过了成本。而且高补贴更可能出现在具有很高需求价格弹性的用户。同时，当存在平台之间的相互竞争时，高补贴现象更可能出现。因此，单边市场下竞争会带来更为均衡的价格分摊或者更有效的价格在双边市场也不成立。我们可以看到，平台使用低于边际成本的定价并不是掠夺性定价，而只是反映了用户组1对于用户组2的高价值。另外，平台采取补贴定价可能是建立初期吸引双方加入（Getting both sides on boards），形成用户规模，解决"先有鸡还是先有蛋"问题（Chicken 和 Egg Problem）。如果没有任何商户支持支付宝支付，那么就没有任何消费者会使用支付宝；同时，如果没有任何消费者使用支付宝，商户也没有必要支持支付宝支付。那么平台到底应该先吸引商户还是消费者呢？因此，我们看到支付宝上线时会补贴商户和消费者。同样地，网约车平台建立初期也对消费者和司机进行补贴，截至2014年5月，滴滴打车和快的打车补贴超过了24亿元。而且，当市场上存在新平台的进入或竞争时，补贴往往越高，因为成功的互联网平台企业不会任由平台用户数量缓慢地自然增长，而是使用各个击破（Divided 和 Conquer）策略建立竞争优势（Caillaud 和 Jullien，2003）。平台企业首先通过对平台的一边免费，甚至对其进行补贴，以此迅速建立用户规模，再利用网络外部性吸引另一边的用户，最终从另一边获利，例如社交平台等。

第二，用户数量（$n_1$ 和 $n_2$）是平台企业的核心，如何增加平台用户数量是平台能否增长的关键。无论是为了突破建立平台所需的最低用户数量，从而利用规模经济，降低单个用户的边际成本，还是为了提高后期交易使用费的费率，从而提高利润，用户数量都是平台企业关注的关键因素。正是如此，互联网平台市场往往会出现"流量为王"的现象，即平台的单日新增用户和每日活跃用户（Daily Active User，DAU）往往决定了平台的成败。因此，平台往往一方面会使用各种策略吸引用户加入，另一方面留住平台上既有用户，通过提升平台服务质量，优化平台生态等增加用户的平台黏性。[①] 与之相关地，平台用户可能存在多属属性（multihoming）：用户可能同时使用多个平台，而不仅限于单一平台（单属，singlehoming）。例如，网络支付包括微信支付、支付宝支付等平台，消费者或商户可能同时使用微信和支付宝支付。用户的多属或单属倾向很大程度上决定了平台市场的市场结构。当用户的单属倾向强时，市场往往会出现"赢家通吃"；而在用户的单属倾向弱时，市场上多平台共存的概率较大。需要注意的是，用户的多属或单属倾向可能受到平台策略的影响，可以是平台内生的选择结果。但是，无论用户是否多属，平台对用户数量的要求和关注往往导致平台市场的市场集中度高于单边市场。具体而言，双边平台的以下两个特征会增加双边市场的市场集中度：第一，规模经济，平台企业必须达到一定的规模才可以弥补较高的固定成本，同时降低边际成本；第二，交叉网络外部性，用户数量的价值由于交叉网络外部性形成的正反馈作用凸显，因此平台扩大用户规模和企业规模的动力更高。相反，也有两个因素会降低平台企业的规模和市场集中度：第一，平台堵塞，平台可能由于某些物理因素导致用户规模超过一定的数量时交易成本和搜索成本

---

[①] 平台的生态化倾向就是一种增加用户的平台黏性的策略，因为如果用户可以在同一个平台上获取所需要的多个产品（尤其是互补产品）时，用户就无须转换平台。

提高，这一因素在数字化平台上的重要性比较低；第二，平台差异化和用户多属，多平台的差异化竞争会导致市场分割，不同的平台服务不同类型的用户组，从而降低市场集中度（Evans等，2011）。用户多属的行为也会起到同样的效果。

第三，平台市场的相关市场定义、市场势力和进入壁垒的定义需要重新调整。首先，相关市场的定义不能仅仅考虑单边市场的情况，而必须根据双边市场的特性做出调整。例如，两个平台具有相关的消费者，而商户不同，那么这两个平台是否归入到同一个市场？这种划分将直接影响平台企业的市场份额，是判断市场集中度的重要依据。相应地，判断两个企业的合并问题也需要同时考虑平台的双边福利变化，而非单边的。而且随着平台经济的进一步发展，平台生态化成为一种常态，此时平台服务的对象多边化，对相关市场的把握难度进一步增加。其次，判断一家企业是否具有市场实力的传统方法是分析企业定价是否远远高于其边际成本。但是，在双边平台中，高成本加成定价并不意味着市场存在垄断势力。由于双边市场两边从相互作用所获得的收益不同，因而更高的加成比例可能仅仅表示该方的用户获得的收益更高。竞争性平台企业也会在其一边定价远高于其边际成本。由于平台企业的双边性，正确的做法可能是分析平台企业的双边总价格是否远远高于其服务双边的边际成本。然而，这种做法也并不是完美的，因为平台企业的边际成本可能几乎为零，而平台的总价格大于零，可能仅仅是因为需要回收平台建立初期投入的巨大固定成本。同样地，市场集中度也不是判断市场势力的好指标，这是因为交叉网络外部性本身就以为平台上的用户规模越大，对双边用户的收益也越大，这种集中是有效率的。这种规模收益使得平台具有某种意义上的自然垄断性质，前期获得双边用户进入市场的固定成本很高，而平台成熟后服务的边际成本几乎为零。这也导致了平台企业的规模通常都很大，例如淘宝、亚马逊和京东等电商平台。最后，我们需要考虑市场准入和进入壁垒问题。市场自由进入是指在同等条件下，任何想要进入该市场的企业都能进入。由于在位的平台企业通常具有很大的市场规模和用户，形成了对潜在进入者天然的优势，潜在进入的平台企业必须投入更多才可能成功进入市场。市场上可能出现"赢者通吃"现象。但是，这是否就是市场进入壁垒呢？同时，平台企业对某一边进行补贴，这又是否是市场进入壁垒？这种补贴或者低于边际成本的定价可能仅仅是为了解决"先有鸡还是先有蛋"的问题，而非在位企业的特殊优势。

总之，从平台企业的定价问题出发，我们可以得出以下三点结论。第一，平台企业的双边属性决定平台定价割裂了平台单边价格与成本之间的密切联系，价格不反映成本，竞争也不一定会降低价格。对任何一边定价的考察都必须同时考虑到另一边用户和市场的特征和反应。第二，用户规模是平台成败的关键。平台化企业提供的服务就是专业化供需匹配服务，这种服务的本质就是供需双边的规模越大越好（排除网络堵塞的因素），因为规模越大，匹配成功的可能性越大。而平台建立的初期需要突破一个用户数量的最低规模阈值，随后则会出现数量级的增长，因为当平台达到一定规模时，市场上会有源源不断的新用户进入平台。第三，平台市场结构具有趋于集中化的特征，而平台的双边属性给既有基于单边市场的竞争政策和反垄断政策提出了挑战。

## （三）中国平台企业发展概述

在互联网技术广泛应用和国家政策支持下，平台化企业组织模式迅速崛起，引领数字经济的发展。国务院多次密集发文要求促进平台经济发展，利用平台企业推动就业、创新创业。2015年5月，《国务院关于大力发展电子商务加快培育经济新动力的意见》要求培育以互联网为基础的电子商务平台为经济发展的新动力，"电子商务与其他产业深度融合，成为促进创业、稳定就业、改善民生服务的重要平台，对工业化、信息化、城镇化、农业现代化同步发展起到关键性作用"。2015年9月，国务院印发《国务院关于加快构建大众创业万众创新支撑平台的指导意见》，要求将电子商务平台打造成小微企业和创业者的重要支撑，"当前全球共享经济快速增长，基于互联网等方式的创业创新蓬勃兴起，众创、众包、众扶、众筹（以下统称四众）等大众创业万众创新支撑平台快速发展。鼓励各类电子商务平台为小微企业和创业者提供支撑，降低创业门槛"。2016年11月，《国务院办公厅关于推动实体零售创新转型的意见》要求"大力发展平台经济，以流通创新基地为基础，培育一批为中小企业和创业者提供专业化服务的平台载体，提高协同创新能力"。

从互联网平台企业的发展实践来看，以电子商务为例（商务部电子商务和信息司，2019年），2019年我国电子商务交易规模达到了34.81万亿元，其中网上零售额10.63万亿元，同比增长16.5%，实物商品网上零售额8.52万亿元，占社会消费品零售总额的20.7%，同时，电子商务从业人员达到了5000余万人。而从企业层面来看，平台化企业组织模式是互联网企业的主导模式。据统计（中国信息通信研究院，2017年），我国互联网企业市值或估值排名前15位除小米外均采用平台经济模式，包括阿里巴巴、腾讯、京东等。表5-2列举了中国超大型平台企业排名，这些企业包括阿里巴巴、腾讯控股等已经经营十余年的企业，也包括字节跳动、拼多多、蚂蚁金服等最近几年刚成长起来的平台企业；这些企业的总市值/估值合计2.62万亿美元。因此，无论从规模、数量或者成长速度来看，我国平台经济崛起的大势已然形成。

表 5-2　　　　　　　　中国超大型平台企业排名

| 排名 | 企业名称 | 市/估值（亿美元） | 排名 | 企业名称 | 市/估值（亿美元） |
| --- | --- | --- | --- | --- | --- |
| 1 | 阿里巴巴 | 7816 | 11 | 百度 | 433 |
| 2 | 腾讯控股 | 6818 | 12 | 腾讯音乐 | 264 |
| 3 | 蚂蚁金服 | 2000* | 13 | 陆金所 | 261* |
| 4 | 美团点评 | 1961 | 14 | 菜鸟网络 | 275* |
| 5 | 字节跳动 | 1400* | 15 | 微众银行 | 218* |
| 6 | 京东 | 1168 | 16 | 京东数科 | 200* |
| 7 | 拼多多 | 1037 | 17 | 快手 | 180 |
| 8 | 网易 | 709 | 18 | 携程 | 168 |
| 9 | 滴滴出行 | 560* | 19 | 贝壳 | 145* |
| 10 | 好未来 | 457 | 20 | 爱奇艺 | 142 |

注：*表示企业估值。

资料来源：已经上市企业的市值为截至2020年8月26日收盘价，港元计价的美元市值用当日港元兑美元汇率换算而来。而没有上市的企业估值主要来自CB Insight最有价值独角兽企业名单和胡润全球独角兽榜，而且人民币估值的企业通过汇率换算出美元估值。

基于对互联网平台企业在我国兴起的原因、特点和现状，我们从零售、创新创业、就业和公共服务与社会保障四个层面论述平台企业的关键作用，分析互联网平台发展和治理实践中面临的挑战，并据此提供相关政策建议。

### 1. 互联网平台企业的发展概述

互联网平台企业是指以互联网为媒介连接两个及以上的用户群体的平台企业，如同时服务网络广告商和信息检索的搜索引擎平台，连接消费品买卖双方的电子商务平台，其核心价值在于通过数字化业务流程以及相关的数据分析实现供需的精准匹配，降低信息成本和交易成本，提高资源配置效率。

实际上，我们对平台企业并不陌生。在没有互联网或互联网应用不广泛的时代，传统的线下平台化企业也随处可见，例如协调信贷供求双方的银行、介于买卖双方的广告商、中介公司。然而，面临物理空间、时间、距离等因素的制约，这种线下平台企业的发展很难形成规模，而且很多业务由于线下固定成本或协调成本而无法实现专业化。而互联网的广泛应用带来了整个经济社会的数字化转型，基于互联网发展起来的数字平台也就应运而生，突破了线下业务中所面临的物理空间、时间、距离等障碍，实现了供需匹配服务的专业化，不仅颠覆了很多传统的产业，而且创造了很多新业态。

因此，互联网平台企业的兴起、发展和巨大成功得益于两个方面的先决条件。第一，信息网络技术和移动智能终端的广泛普及和应用为互联网平台企业的发展提供了基础和支撑。截至2019年6月，我国网民规模达8.54亿人，互联网普及率达61.2%，同时，我国手机网民规模达8.47亿人，网民使用手机上网的比例达99.1%。移动互联网用户月均使用移动流量达7.2GB，为全球平均水平的1.2倍；移动互联网接入流量消费达553.9亿GB，同比增长107.3%（中国互联网络信息中心，2019年）。因此，庞大的互联网用户基数为互联网平台企业提供了发展的需求、空间和动力。第二，数字化平台突破了物理障碍，实现了供需匹配服务的专业化，大幅度降低了整个社会信息成本，高效地配置市场资源，极大地提高了社会生产和交换效率。如果说前几次的科技革命主要集中在生产段上如何以最低成本生产出最优产品的产业链专业化分工，那么此次数字技术引领的科技革命带动的则是生产与消费者之间的供需匹配的专业化分工。数字平台将单个生产寻找消费者、消费者寻找生产者的服务聚合在数字虚拟平台上，匹配供需，完成市场交易。在这种情况下，单个产品厂商或企业在完成产品生产后的销售环节效率得到极大的提升，而同时企业也可以将资源更多地集中于产品生产和质量提高。类似地，消费者在传统线下用于搜寻产品的业务也完全委托给平台，只需清楚地知道自己的需求即可。数字平台所能够达到的规模是以往线下平台所无法企及的。而且，由于数字平台专业化分工导致这种供需匹配的成本降低，带来了很多新业态的发展。例如传统的打车服务是无法聚合在一个平台上，消费者必须自己寻找出租车，而出租车也必须自己寻找消费者。而线上打车平台为两者需求提供了信息服务，进而极大地提高了匹配效率。

需要注意的是，互联网平台是伴随信息技术的迅速发展和移动互联网的普及而发展起来的，但是，更重要的，互联网平台企业的兴起又反过来促使数字信息技术与经济社会进行大规模、大范围和大深度的融合：利用互联网联通个体和企业的在线平台为广大的消费者和企业提供了前所未有的经济机遇和便利。通过在消费者、生产者和供应商之间创建巨大的网络效应，平台企业为经济社会创造新的价值和增长点。

与传统企业和线下平台企业相比，互联网平台企业具有以下几点特征。第一，互联网平台企业的增长速度快、成长周期短，而且这种趋势还在进一步增强，其原因都是因为数字平台企业实现规模化的成本比传统企业和线下平台企业要低很多。为此，互联网平台企业的固定资产往往较少，主要是网络相关的基础设备，而大部分均是无形资产。例如，根据《阿里巴巴年度财务报表（2018）》，阿里巴巴集团的无形资产至少是固定资产的2倍以上，有时甚至达到7倍以上。与之相对，传统制造企业的销售网络建立和传统平台企业的整合能力由于线下物理因素的阻隔，成本高、耗时长。例如，瑞典宜家家居创建于1943年，用了30年的时间开始境外经营，经过70年的增长实现了年销售收入420亿美元。类似地，线下超级市场沃尔玛则用了54年的时间实现了3万亿美元的销售额。而相比之下，数字平台实现规模化的时间则大大缩短了。图5-1统计了中国大型平台企业从起步到市值/估值过100亿美元的成长时间。即使是互联网时代初期兴起的平台公司，如网易、携程、京东，也仅用了10—16年，远远低于宜家和沃尔玛公司的成长时间。而且，2010年以后出现的数字平台成长周期进一步缩短，普遍在6年以下，其中滴滴出行和拼多多公司的成长甚至仅花了2—3年。

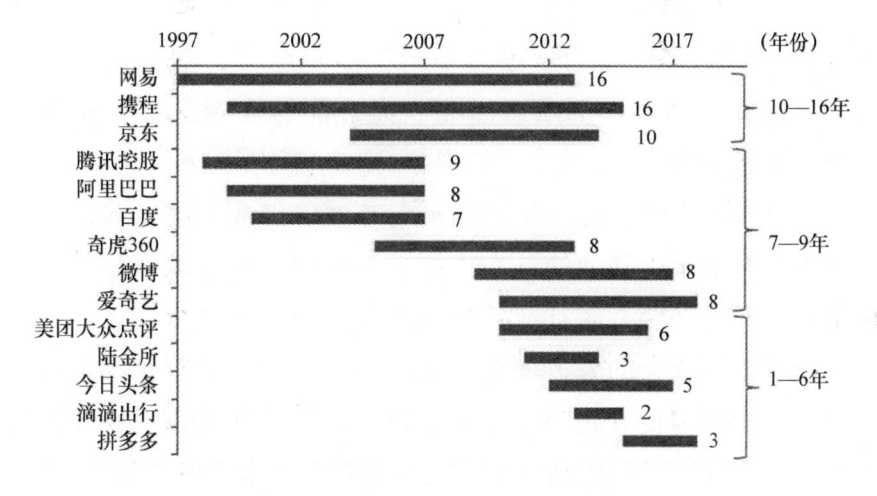

图 5-1  中国大型平台企业成长周期

资料来源：中国信息通信研究院，《互联网平台治理研究报告（2019）》。

第二，互联网平台企业的商业模式变迁更快。随着大数据、云计算的信息技术的应用，互联网平台企业在短短十几年时间内经历三大发展阶段的更替（中国信息通信研究院，2017年），具体包括互联网平台经济1.0阶段（2000年前后），2.0阶段（2008年前后）和3.0阶段（2015年前后）。互联网平台的1.0阶段是指2000年前后互联网平台经济的发展起步时期，该时期的平台模式主要以门户网站、电商网站为主，核心价值在于连接买卖双边，降低信息成本和交易成本，盈利模式单一。而到2008年前后的互联网平台经济2.0阶段时，互联网平台转型为开放式商业生态模式，核心价值在于为高价值商业生态业务提供发展平台，例如阿里巴巴集团启动的"大淘宝战略"、美团公司打造"吃喝玩乐"一体化平台等。2015年以后，3.0版的互联网平台经济则聚焦于互联网平台与传统产业的融合，"互联网+"为各个产业提供数字引擎、协同发展，线上线下融合的趋势不断加强。

第三，互联网平台企业具有网络集聚性和网络交叉外部性。网络集聚性是指互联网平台企业可以通过网络集聚线下的海量产品和服务，而不受地域或行业的限制，这种集聚性或生态性加大了平台的规模。与此同时，平台企业的网络交叉外部性也同样进一步提升平台的规模。平台上商户越多，消费者获得的收益也越大，平台上消费者越多，商户能够实现的交易量和交易额也越大。

正是由于这些特性，互联网平台企业已经成为驱动我国数字经济发展和数字化转型的核心支撑，不断促进信息数字化技术与经济社会融合发展。而且，互联网平台企业发展至今，已经深入地融合了经济社会的方方面面，如亚马逊、淘宝、京东等电商平台推动人们的消费方式和企业的零售方式数字化转型，互联网融资平台和云计算平台便利化中小企业和创新创业者的发展。

### 2. 平台企业的重要作用

接下来，我们具体分析互联网平台企业在我国数字经济发展和经济社会数字化转型的重要作用，包括消费与零售、创新创业、就业和公共服务与社会保障四个方面。

（1）消费与零售方面。互联网电商平台企业驱动数字化消费与零售，成为当前我国经济社会的典型特征。借助于互联网电商平台，消费者从发现所需商品、研究商品特征和价格、购买支付到最后配送售后的所有购物消费环节都已经实现数字化。而且随着智能手机的社会渗透率越来越高，这种数字化的消费模式不受时间、地点、年龄段等任何限制，形成全民的线上购买情形。消费者可以随时随地地通过移动互联网平台（手机、电脑等）浏览搜索所需产品，然后一键下单购买，移动互联网平台已经成为消费者购买产品的主要途径之一。

根据《中国互联网络发展状况统计报告（第43次）》，截至2018年12月，我国网络购物用户规模达6.10亿人，年增长率为14.4%，网民使用率为73.6%。而且，手机网络支付作为网络购物的支撑，已经渗透到线下支付，并加速开拓国际市场。同年，我国手机网络支付用户规模达5.83亿人，年增长率为10.7%，手机网民使用率达71.4%。线下网络支付使用习惯持续巩固，网民在线下消费时使用手机网络支付的比例由2017年底的65.5%提升至67.2%。在跨境支付方面，支付宝和微信支付已分别在40个以上国家和地区合规接入。

相应地，数字化零售或者线上线下深度融合的互联网新零售也已经成为我国零售业的主流。基于互联网、人工智能、大数据、移动支付等数字技术的快速应用，我国产品的生产、流通、供应和销售数字化程度日益提高，零售企业通过数字化信息系统建设实现产品设计、商品订单、交易和客服等全产业链的数字化管理。一方面，传统线下零售企业借助于互联网电商平台、移动商店等数字化工具实现数字化转型，提升零售业绩，激发消费需求并拉动经济增长。据统计（商务部电子商务和信息化司，2018年），2017年我国全国百强零售企业中超过50%的企业已经建立自己的电商平台。另一方面，网上零售增长强劲，网上零售交易额和增长率呈现出几何式增长态势。2018年，我国网上零售额超过了9.01万亿元，同比增长23.9%，是全球规模最大的网络零售市场。

更重要的，我国网上零售业务还表现出向农村和海外同步扩张的特征。首先，我国农村网络零售增长尤为迅猛。根据商务部统计，2018年我国实现农村网络零售交易额1.37万亿元，同比增长30.4%。其次，中国跨境电商零售也保持快速发展态势、增长迅速，成为驱动我国国际贸易发展的新动力。据海关统计，2018年中国海关验收的跨境电商零售进出口总额为1347亿元，同比增长50%。

（2）创新创业方面。互联网双创平台支撑数字化创新创业，推动打造我国创新驱动发展模式。这不仅是互联网平台企业在引领数字经济发展的重要作用，也是国家高质量发展阶段对数字经济和平台经济提出的本质要求，契合了国务院对平台经济发展的一系列文件精神。

一方面，依托物联网、大数据、人工智能等新一代信息技术，平台化企业组织模式的持续渗透，新的创新创业在交通、零售、医疗和教育等行业仍不断涌现，尤其是在线下线上垂直业务和产业融合发展方面。据统计，2017年我国以互联网平台为依托销售实物或提供线下相关服务的垂直型独角兽企业就达到了48家，比如物流领域的运满满、在线短租领域的小猪短租、共享办公领域的优客工场、在线医疗领域的春雨医生等。同时，随着"互联网＋"行动推动互联网在第二产业和第三产业的深度融合，掀起了互联网创新创业的新浪潮。基于云计算的低成本、高灵活性和强计算能力的信息技术突破，互联网平台尤其是云计算平台为各行业的创新创业企业赋能，实现互联网与传统产业融合，即"互联网＋"。在"互联网＋"浪潮和各级政府的支持下，中国成长出一批高成长、高估值的"独角兽"企业，身价数亿元的初创企业比比皆是。[①] 根据美国市场研究公司CB Insights 的统计，截至2019年3月20日，全球共有326家独角兽公司，其中中国总数高达92家，位居第二。估值前五的公司都是互联网平台企业，分别是字节跳动、Uber、滴滴出行、Wework和爱彼迎。而且，在所有独角兽企业当中，主营互联网软件服务的独角兽企业占比达到25%，电商平台和金融科技类独角兽企业分别占比13%和10%。

另一方面，成熟的大型互联网平台已经成为新的商业基础设施，为创新公司或企业迅速规模化提供了条件，例如谷歌、阿里巴巴等巨头。这些互联网平台为初创企业提供丰富的前期

---

① 独角兽公司是指成立不到10年但估值均超过10亿美元的没有上市的公司。

发展条件，如谷歌和亚马逊平台为软件或程序开发者提供了整套的开发工具，极大地降低了初创企业的启动资金要求。此外，互联网平台大幅度降低初创企业的市场交易成本，为企业提供标准化、模块化、API化市场接入方式，使得企业尤其是初创小微企业能够在公开透明的环境中迅速实现规模化，而且能够更加准确地对接市场需求，了解行业动态，进而能够更加专注于产品和服务质量提升，激励企业创新。在这个过程中，互联网平台企业做平台的管理者和规则制定者，为孵化初创企业提供产品发布、商业交易、技术和数据开放等创新环节提供完整的支持，形成创业生态。例如，腾讯创业服务平台成立初期就接入了400万创业企业，合作伙伴公司总体估值超过3000亿元。"双百计划"成功孵化40家市值超过1亿元的公司，半年内5家公司成功上市，一年内总估值增长68%，用户规模增幅超过100%。类似地，2016年淘宝诞生了500多个原创的设计师服装品牌、1000多个独立设计家居的品牌、6000多个创客的项目、500多个运动品牌的独立品牌。

（3）就业方面。平台经济的兴起激发人才新需求，促进经济社会平台型就业。近年来，电子商务和"互联网+"行动成为我国经济发展的新动力，同时也深刻地改变我国的就业形态。

首先，就业结构随着数字经济和平台经济发展而调整。数字技术的巨大成功将减少传统行业低技术含量、标准化、程序化的就业，创造更多的与数字技术应用和数字平台相关的就业机会。而且随着新一代人工智能的突破和广泛运用，智能服务和智能制造产业进一步发展，整体经济的就业结构将经历重要转变。一方面，新零售和智能零售减少大量传统零售就业岗位，而那些具有特定专业技能尤其是数字技术应用相关技能的群体将获得更多的就业机会，例如实体营业店员等。同时，人工智能的发展应用也会大规模取代传统非人际交往的、非创造性的低水平岗位，如银行的人工客服等。据夏季达沃斯论坛发布的《2018未来就业》报告预测，未来自动化技术和智能科技的发展将取代7500万份工作。而中国制造业处于全球价值链中低端，大多容易被机器所取代。据估计（世界银行，2016），中国当前55%—77%的就业岗位在未来是容易被数字化技术和人工智能取代的。但与此同时，互联网平台直接创造了新的就业机会，例如快递、外卖等就业岗位。根据美团发布的《2018年外卖骑手就业报告》，"2018年共有270多万骑手在美团外卖获得收入"。

其次，互联网平台促使就业方式转型，传统的公司雇佣关系向平台与个人契约关系转型。由于平台是一个开放式空间，个人无须遵循传统的固定雇佣关系，而只需要签订某种契约关系就可以接入，提供服务并获得报酬，例如滴滴平台司机。因此，平台企业不仅可以直接创造就业机会，而且还可以为平台生态圈创造更多的就业机会，即发挥平台的聚集效应。这种灵活的就业方式在分享式平台经济尤为显著（见表5-3）。据统计（国家信息中心分享经济研究中心，2019年），2018年我国参与分享经济活动的人数超过7.6亿人，比上年增加1亿人左右。参与提供服务者人数约为7500万人，其中平台员工数约598万人，同比增长约7.5%。

表5-3　　　　2016年中国分享经济平台创造就业规模　　（单位：万人）

| 领域 | 总参与人数 | 其中：提供服务人数 | 其中：平台员工数 |
| --- | --- | --- | --- |
| 生活服务 | 52000 | 2000 | 341 |
| 生产能力 | 900 | 500 | 151 |
| 交通出行 | 33000 | 1855 | 12 |
| 知识技能 | 30000 | 2500 | 2 |
| 房屋住宿 | 3500 | 200 | 2 |
| 医疗分享 | 20000 | 256 | 5 |

资料来源：国家信息中心分享经济研究中心、中国互联网协会分享经济工作委员会，《中国分享经济发展报告2017》，2017年2月。

（4）公共服务与社会保障方面。首先，由于互联网平台的数字化、虚拟化属性，平台就业者无须受制于身体素质、所在地域的限制，即使身体存在缺陷或地处偏僻也能够无差别参与到这种就业和创业中。因此，互联网平台能够极大地促进我国在助残、扶贫和乡村振兴事业上的发展，推动实现企业社会价值和全面决胜小康社会建设。以阿里巴巴集团为例，淘宝等电商平台深入广大乡镇、农村扩张，发展一大批"淘宝村"和"淘宝镇"，孵化出大批的农村草根创业群体，创造了大量的就业机会，实现电商脱贫致富。

其次，互联网大数据平台、城市云脑等为城市治理、监管和公共服务提供了有力支撑，成为提高政府治理能力的现代化水平的抓手。国务院办公厅印发《关于加强和规范事中事后监管的指导意见》《关于加快"互联网+监管"系统建设和对接工作的通知》等一系列政策文件，推动了"互联网+监管"。据统计（中国信息通信研究院，2019 年），截至 2019 年 6 月，我国 36 个主要城市（直辖市、省会城市、副省级城市）100% 建设了统一政务共享交换平台，其中近 30% 城市正启动建设或推进建设城市级大数据平台。

在具体应用上，政府可以利用对市场监管风险、市场动态等进行有效研判，惩戒违规企业，切实提高市场监管效能。同时，大数据云平台的利用可以提升政府提供公共物品的效率，包括公共卫生、公共交通、教育、救灾、扶贫、环保等一切公共品领域。例如，贵州政府在基于"精准扶贫云平台"，打通扶贫、公安、交通、教育、医疗等 17 个政府部门的数据，实现不同部门数据的实时共享交换，精准识别潜在扶贫对象的车子、房子、医疗、社保、子女教育等情况，大幅提高扶贫的精准度。

## （四）平台企业发展面临的挑战和对策

互联网平台企业的发展和实践对我国数字经济的发展和整

个经济社会转型发挥着重要作用，但是也存在三个亟须解决的问题和挑战。第一，平台竞争政策和垄断规制问题；第二，平台信息责任和数据隐私问题；第三，平台征税问题。接下来，我们详细分析这三个问题，并据此提出相应的政策建议，以期推动互联网平台经济健康持续发展。

第一，平台竞争政策和垄断规制问题。通常，互联网平台企业进入市场的前期固定成本较大，而后期边际成本几乎可以忽略不计，尤其是科技创新平台企业，因而平台企业具有很强的规模经济效率。但是，互联网平台企业要实现稳定发展和盈利往往要实现平台用户超过一定规模，否则无法生存下去。因此，在平台进入行业的初期，平台往往会采用掠夺性定价或价格战、补贴战的方式掠夺市场份额，获得绝对的竞争优势。例如，2014年，出行服务平台滴滴、快的和Uber三家企业就采用了补贴战的方式抢占用户市场和进驻司机，导致非良性的竞争行为。然而，当这种价格战进入到困境时，市场份额较大的平台企业又通过合并或者并购的方式，实现垄断或联合垄断该行业，例如滴滴首先收购Uber，然后与快的合并。自然而然，占据整个市场后，垄断平台为了弥补价格战导致的损失，开始大幅减少补贴，提高服务价格。[①] 这种恶性竞争行为严重影响平台企业的健康持续发展，而且垄断平台企业为了保持垄断地位往往会限制类似企业进入市场，直接导致竞争机制失效，产品和服务质量也直线下降。据估计，当前滴滴出行已经占据中国打车出行服务的90%以上市场份额，基本完全垄断了出行服务市场。然而，近年来，滴滴出行平台事故频发，涉嫌非法运行车辆、乘客被司机杀害，如郑州空姐打车遇害案和乐清"滴滴顺风车"司机杀人案。这一系列的问题都可以被视为垄断带来的

---

① 2015年优步中国和中国本土网约出行企业的价格战导致的亏损超过10亿美元。

恶果，因为垄断平台从根本上没有激励提供优质的服务或提高乘客的乘车安全。相反，互联网电商平台之间却存在阿里巴巴和京东两家企业之间的寡头竞争，从一定程度上规制了平台的不良行为。

因此，政府应当总结当前互联网平台竞争和垄断规制的相关经验和教训，尽快修订、制定和落实专门针对平台企业的反不正当竞争和反垄断的相关法律法规。由于平台的双边性和规模效应，政府在判断其是否属于不正当竞争时应当从最低成本避损人原则和保护消费者福利的角度出发，结合当前相关判例，做出能够促进平台市场良性发展的判断。当前我国采用的是成文法大陆法律体系，而每一个平台企业的竞争手段和策略各不相同且层出不穷，相关法规也无法做到完全覆盖；同时，具体法律法规可能落后于实际的企业发展。因此，在规制企业不正当竞争行为时，之前相关的判例应当成为政府做出正确判断的有益借鉴。

第二，平台信息责任和数据隐私问题。每个互联网平台企业都会提供和产生大量的信息、交易数据，因而也会产生很多有关平台信息责任、用户信息安全和交易数据产权等问题。确实，互联网平台企业的价值在于大规模地匹配和促成买卖用户组之间的交易，降低交易成本。但是，平台所提供的信息（如产品质量、评价等）、用户的私密信息（如个人信息、支付方式等）和交易数据（如交易次数、金额、频率等）都将大规模地集聚在平台上，为平台的经营和为平台用户组提供精准服务做指导。但是，不当地使用这种信息管理、信息收集和数据分析也会造成严重的不良后果。

首先，互联网平台企业所提供的信息可能是不准确的，甚至是误导性的，从而造成用户无法购买理想的商品或服务，有时甚至会威胁消费者的人身安全。比如平台由于未能披露重要的产品信息导致消费者购买低质量的产品。2016年的魏则西事件就是一个极端的例子：受害者魏则西及其家人根据搜索引擎百度推荐在武警北京市总队第二医院接受了未经审批且效果未经确认的治疗方法，导致耽误治疗、不治去世。另外，滴滴出行平台由于未能审核所签约的顺风车司机的相关信息（是否能够为乘客提供安全的出行服务），造成50多起性骚扰、抢劫、强奸和司机杀人案件。其次，互联网平台能够收集到大量的消费者个人隐私数据，比如个人信息、账户信息和购买记录等。这些与交易无关的隐私信息的泄露问题越来越严重，导致大量的骚扰、诈骗电话，消费者上当受骗，造成直接的财产损失甚至是人身安全损害。最后，互联网平台上产生的大量交易数据的所有权、收益权的归属问题。当前，各大电商平台利用该交易数据对消费者实施精准广告投放，这是否合法呢？当前相关电子商务法并没有做出明确的规定，因而也导致了交易数据被滥用，消费者每天都处在被广告轰炸的环境下。同时，互联网平台企业可能凭空捏造或篡改平台交易数据，如提供消费者反馈和评论，导致消费者购买出错和利益受损。例如，近期旅游推荐平台马蜂窝被曝光利用爬虫技术抄袭85%的用户评论，而用户精心编写的内容被篡改利用。①

因此，政府应当进一步明晰平台企业的责任和边界，确定平台企业具有保证平台所披露的信息是真实的以及平台卖家能够为用户提供完全可靠的服务。各个平台企业也应该成立相关的纠纷、损失和赔偿处理部门，专门处理因平台信息问题导致的纠纷事件，从而能够保障消费者的合法权益和人身安全。例如，滴滴出行平台出现的性骚扰、杀人等案件需要及时的处理，避免消费者损失。同时，政府应当立法保护用户的个人信息等隐私数据，明确规定平台只能使用交易性数据进行精准服务等，

---

① 当前该曝光事件还没有得到完全证实，而是通过侧面反映可能存在类似情况。详见 http://www.sohu.com/a/270512027_413981。

而禁止使用用户的隐私数据做任何营利性或者不当交易，如有违反就给予严厉的处罚，为消费者的隐私数据上一把法律安全锁。另外，政府也应当明晰平台用户反馈和评论等相关数据的篡改行为的规定，切实保护消费者所获取信息的安全和有效性。

第三，平台征税问题。互联网平台化企业组织模式作为一种全新的商业模式，因而也就对当前的税收系统提出了全新的挑战。一方面，平台经营呈现出经营主体较小、分散和灵活的特征，例如电商平台上的卖家和滴滴平台的入驻司机。当前的税收系统没能解决如何对其征税的问题，比如到底应该对平台征税还是对卖家和司机征税；如果是对卖家征税，当前的税收系统可能无法满足这种大批量、大规模、零散的征税模式。因此，平台化的经营方式对我国当前的税法制度和相关制度提出了全新的要求。另一方面，与传统企业相比较，互联网平台往往只有少量的固定资产，而有大量的无形资产。因此，跨境经营的互联网平台公司可能操纵无形资产的转移定价，达到利润转移和跨境避税的目的。这种可能性尤其会随着跨境贸易体量增加而增加。例如，苹果公司通过与爱尔兰签订特殊税务协议使其2003—2014年欧洲利润的实际纳税率不到1%甚至趋于零（European Commission-Press release，2016）。因此，为了满足当前互联网平台企业征税需求和保护国家税基税源，政府应当尽快探索、制定和不断完善互联网平台相关的税制和相关规定，同时积极参与和展开无形资产合理定价和反税基侵蚀的行动。

# 参考文献

杜创：《清理医疗市场准入潜规则》，《中国改革》2015年第10期。

杜创、王泽宇：《互联网+医疗/教育：商业模式、竞争与监管》，中国社会科学出版社2017年版。

李苍祺、鲁筠：《基于Holt-Winters滤波模型的我国互联网普及率分析》，《统计与决策》2016年第3期。

李维安、吴德胜、徐皓：《网上交易中的声誉机制——来自淘宝网的证据》，《南开管理评论》2007年第10期。

吕越、马嘉林、田琳：《中美贸易摩擦对全球价值链重构的影响及中国方案》，《国际贸易》2019年第8期。

马庆国：《中国发展电子商务的现实道路：分析与实证》，《管理世界》2004年第2期。

王敏、王琴梅、万博：《中国互联网普及的空间差异及其影响因素分析》，《统计与决策》2018年第4期。

吴赟婷、王钟庄：《电子商务企业成本控制问题研究》，《价格月刊》2015年第2期。

袁富华、张平、刘霞辉、楠玉：《增长跨越：经济结构服务化、知识过程和效率模式重塑》，《经济研究》2016年第10期。

[美]范里安：《微观经济学：现代观点》（第九版），费方域、朱保华等译，格致出版社2014年版。

[美]罗杰斯：《创新的扩散（第五版）》，唐兴通、郑常青、张

延臣译，电子工业出版社 2016 年版。

Ahuja, Gautam, G. Soda, and A. Zaheer, "The Genesis and Dynamics of Organizational Networks", *Organization Science*, Vol. 23, No. 3, 2012.

Anderson, Simon P., and R. Renault, "Pricing, Product Diversity, and Search Costs: A Bertrand-Chamberlin-Diamond Model", *The Rand Journal of Economics*, Vol. 30, No. 4, 1999.

Armstrong, Mark, "Competition in Two-Sided Markets", *The RAND Journal of Economics*, Vol. 37, No. 3, 2006.

Baer and Markus, "The Strength-of-Weak-Ties Perspective on Creativity: A Comprehensive Examination and Extension", *Journal of Applied Psychology*, Vol. 95, No. 3, 2010.

Baum, Joel A. C., A. V. Shipilov and T. J. Rowley, "Where Do Small Worlds Come from?", *Industrial and Corporate Change*, Vol. 12, No. 4, 2003.

Baum, Joel A. C., T. Calabrese and B. S. Silverman, "Don't Go It Alone: Alliance Network Composition and Startups' Performance in Canadian Biotechnology", *Strategic Management Journal*, Vol. 21, No. 3, 2000.

Bernard, H. Russell, "The Development of Social Network Analysis: A Study in the Sociology of Science", *Social Networks*, Vol. 27, No. 4, 2005.

Bhatti, Waheed Akbar, J. Larimo and D. N. Coudounaris, "The Effect of Experiential Learning on Subsidiary Knowledge and Performance", *Journal of Business Research*, Vol. 69, No. 5, 2016.

Burt, Ronald S., *Structural Holes: The Social Structure of Competition*, Harvard University Press, 1995.

Caillaud, Bernard and Bruno Jullien, "Chicken & Egg: Competition among Intermediation Service Providers", *RAND Journal of*

*Economics*, Vol. 34, No. 2, 2003.

Chetty, Sylvie, Martin Johanson and Oscar Martín Martín, "Speed of Internationalization: Conceptualization, Measurement and Validation", *Journal of World Business*, Vol. 49, No. 4, 2014.

Chevalier, Judith A. and Dina Mayzlin, "The Effect of word of Mouth on Sales: Online Book Reviews", *Journal of Marketing Research*, Vol. 43, No. 3, 2006.

Chikweche, Tendai and Alessandro Bressan, "A Systematic Review of Future Research Challenges and Prospects of Organizational Learning Research in Small Medium Size Enterprises", *Journal of Small Business & Entrepreneurship*, Vol. 30, No. 2, 2018.

Coase, Ronald Harry, "The Nature of the Firm", *Economica*, Vol. 4, No. 16, 1937.

Coviello, Nicole, Liena Kano, and Peter W. Liesch, "Adapting the Uppsala Model to a Modern world: Macro-context and Micro-foundations", *Journal of International Business Studies*, Vol. 48, No. 9, 2017.

Dagnino, Giovanni Battista, Gabriella Levanti and Arabella Mocciaro Li Destri, "Structural Dynamics and Intentional Governance in Strategic Interorganizational Network Evolution: A Multilevel Approach", *Organization Studies*, Vol. 37, No. 3, 2016.

Deng, Ziliang and Rudolf R. Sinkovics, "Rapid Expansion of International new Ventures Across Institutional Distance", *Journal of International Business Studies*, Vol. 49, No. 8, 2018.

Deng, Ziliang and Zeyu Wang, "Early-mover Advantages at Cross-border Business-to-business e-commerce Portals", *Journal of Business Research*, Vol. 69, No. 12, 2016.

Disney, Richard, Jonathan Haskel and Ylva Heden, "Entry, Exit and Establishment Survival in UK Manufacturing", *The Journal of*

*Industrial Economics*, Vol. 51, No. 1, 2003.

Dulleck, Uwe and Rudolf Kerschbamer, "On Doctors, Mechanics, and Computer Specialists: The Economics of Credence Goods", *Journal of Economic Literature*, Vol. 44, No. 1, 2006.

Economides, Nicholas and Charles P. Himmelberg, "Critical mass and Network Size with Application to the US Fax Market", *NYU Stern School of Business EC*-95 11, 1995.

Edwards, Sebastian, "Openness, Trade Liberalization and Growth in Developing Countries", *Journal of Economic Literature*, Vol. 31, No. 3, 1993.

Elfring, Tom and Willem Hulsink, "Networking by Entrepreneurs: Patterns of Tie—Formation in Emerging Organizations", *Organization Studies*, Vol. 28, No. 12, 2007.

Elfring, Tom and Willem Hulsink, "Networks in Entrepreneurship: The Case of High-technology Firms", *Small Business Economics*, Vol. 21, No. 4, 2003.

Evans, David S. and Richard Schmalensee, "Failure to Launch: Critical Mass in Platform Businesses", *Review of Network Economics*, Vol. 9, No. 4, 2010.

Evans, David S. and Schmalensee, Richard and Noel, Michael D. and Chang, Howard H. and Garcia-Swartz, Daniel D., "Platform economics: Essays on Multi-sided Businesses", *PLATFORM ECONOMICS: ESSAYS ON MULTI-SIDED BUSINESSES, David S. Evans, ed., Competition Policy International*, 2011.

Filieri, Raffaele, "What Makes Online Reviews Helpful? A Diagnosticity-adoption Framework to Explain Informational and Normative Influences in e-WOM", *Journal of Business Research*, Vol. 68, No. 6, 2015.

Gomez-Herrera, Estrella, Bertin Martens and Geomina Turlea,

"The Drivers and Impediments for Cross-border E-commerce in the EU", *Information Economics and Policy*, Vol. 28, No. 5, 2014.

Hagiu, Andrei, "Pricing and Commitment by Two-sided Platforms", *The RAND Journal of Economics*, Vol. 37, No. 3, 2006.

Hansen, Eric L., "Entrepreneurial Networks and New Organization Growth", *Entrepreneurship Theory and Practice*, Vol. 19, No. 4, 1995.

Harris, Lisa and Alan Rae, "Social Networks: the Future of Marketing for Small Business", *Journal of Business Strategy*, Vol. 30, No. 5, 2009.

Harris, Simon and Colin Wheeler, "Entrepreneurs' Relationships for Internationalization: Functions, Origins and Strategies", *International Business Review*, Vol. 14, No. 2, 2005.

Hart, Oliver and Sanford J. Grossman, "The Costs and Benefits of Ownership: A Theory of Vertical and Lateral Integration", *Journal of Political Economy*, Vol. 94, No. 4, 1986.

Hayek, Friedrich A., "The use of Knowledge in Society", *The American Economic Review*, Vol. 35, No. 4, 1945.

Hinz, Oliver, II-Horn Hann and Martin Spann, "Price Discrimination in E-commerce? An Examination of Dynamic Pricing in Name-your-own Price Markets", *MIS Quarterly*, Vol. 35, No. 1, 2011.

Holmstrom, Bengt and Paul Milgrom, "Multitask Principal-agent Analyses: Incentive Contracts, Asset Ownership and Job Design", *Journal of Law, Economics & Organization*, Vol. 7, 1991.

Hong, Weiyin and Kevin Zhu, "Migrating to Internet-based E-commerce: Factors Affecting E-commerce Adoption and Migration at the Firm Level", *Information & Management*, Vol. 43, No. 2, 2006.

Johanson, Jan and Jan-Erik Vahlne, "The Internationalization Process of the Firm—a Model of Knowledge Development and Increasing

Foreign Market Commitments", *Journal of International Business Studies*, Vol. 8, No. 1, 1977.

Katz, Michael L. and Carl Shapiro, "Network Externalities, Competition and Compatibility", *The American Economic Review*, Vol. 75, No. 3, 1985.

Katz, Michael L. and Carl Shapiro, "Systems Competition and Network Effects", *Journal of Economic Perspectives*, Vol. 8, No. 2, 1994.

Katz, Michael L. and Carl Shapiro, "Technology Adoption in the Presence of Network Externalities", *Journal of Political Economy*, Vol. 94, No. 4, 1986.

Kim, Joo ho and Makarand Hastak, "Social Network Analysis: Characteristics of Online Social Networks After a Disaster", *International Journal of Information Management*, Vol. 38, No. 1, 2018.

Knight, Gary A. and S. Tamer Cavusgil, "A Taxonomy of Born-global Firms", *MIR: Management International Review*, Vol. 45, No. 3, 2005.

Levinthal, Daniel A. and James G. March, "The Myopia of Learning", *Strategic Management Journal*, Vol. 14, No. S2, 1993.

Liesch, Peter W. and Gary A. Knight, "Information Internalization and Hurdle Rates in Small and Medium Enterprise Internationalization", *Journal of International Business Studies*, Vol. 30, No. 2, 1999.

Lin, Hsiu-Fen and Gwo-Guang Lee, "Impact of Organizational Learning and Knowledge Management Factors on E-business Adoption", *Management Decision*, Vol. 43, No. 2, 2005.

Louis Raymond, Samir Blili, "Organizational Learning as a Foundation of Electronic Commerce in the Network Organization", *International Journal of Electronic Commerce*, Vol. 5, No. 2, 2000.

Lund, Susan, J. Manyika, J. Woetzel, J. Bughin, M. Krishnan, J. Seong and M. Muir, "Globalization in Transition: The Future of Trade and Value Chains", *McKinsey Global Institute Report*, New York: McKinsey Global Institute, 2019.

Moodley, Sagren, "The Challenge of E-business for the South African Apparel Sector", *Technovation*, Vol. 23, No. 7, 2003.

Newman, Mark E. J., "The Structure and Function of Complex Networks", *SIAM review*, Vol. 45, No. 2, 2003.

O'grady, Shawna and Henry W. Lane, "The Psychic Distance Paradox", *Journal of International Business Studies*, Vol. 27, No. 2, 1996.

Oviatt, Benjamin M. and Patricia P. McDougall, "A Framework for Understanding Accelerated International Entrepreneurship", In *Research in Global Strategic Management*. Emerald Group Publishing Limited, 1999.

Oxley, Joanne E. and Bernard Yeung, "E-commerce Readiness: Institutional Environment and International Competitiveness", *Journal of International Business Studies*, Vol. 32, No. 4, 2001.

Phillips, Wendy, Hazel Lee, Abby Ghobadian, Nicholas O'Regan and Peter James, "Social Innovation and Social Entrepreneurship: A Systematic Review", *Group & Organization Management*, Vol. 40, No. 3, 2015.

Pinho, José Carlos and Christiane Prange, "The Effect of Social Networks and Dynamic Internationalization Capabilities on International Performance", *Journal of World Business*, Vol. 51, No. 3, 2016.

Poutziouris, P. and Y. Wang, "The Strategic Orientation of Family Business Owner-managers: Evidence from the UK SME Economy", In *48th World Conference International Council for Small Business-Advancing Entrepreneurship and Small Business*, Belfast,

June, 2003.

Qian, Gongming, Theodore A. Khoury, Mike W. Peng and Zhengming Qian, "The Performance Implications of Intra-and Inter-regional Geographic Diversification", *Strategic Management Journal*, Vol. 31, No. 9, 2010.

Quandary Peak Research, "Practice Fusion Reaches Agreement with U. S. Department of Justice", 2019. https://quandarypeak.com/2019/10/practice-fusion-reaches-agreement-with-u-s-department-of-justice/.

Rahaman, Mohammad M., "Chinese Import Competition and the Provisions for External Debt Financing in the US", *Journal of International Business Studies*, Vol. 47, No. 8, 2016.

Richins, Marsha L., "Negative Word-of-mouth by Dissatisfied Consumers: A Pilot Study", *Journal of Marketing*, Vol. 47, No. 1, 1983.

Robinson, William T., Claes Fornell and Mary Sullivan, "Are Market Pioneers Intrinsically Stronger than Later Entrants?", *Strategic Management Journal*, Vol. 13, No. 8, 1992.

Rochet, Jean-Charles and Jean Tirole, "Platform Competition in Two-sided Markets", *Journal of the European Economic Association*, Vol. 1, No. 4, 2003.

Rochet, Jean-Charles and Jean Tirole, "Two-sided Markets: A Progress Report", *The RAND Journal of Economics*, Vol. 37, No. 3, 2006.

Rohlfs, Jeffrey, "A Theory of Interdependent Demand for a Communications Service", *The Bell Journal of Economics and Management Science*, Vol. 5, No. 1, 1974.

Rosca, Eugenia, Guido Möllering, Arpan Rijal, and Julia Christine Bendul, "Supply Chain Inclusion in Base of the Pyramid Markets: A Cluster Analysis and Implications for Global Supply Chains", *International Journal of Physical Distribution & Logistics Management*, Vol. 49, No. 5, 2019.

Rutashobya, Lettice and Jan-Erik Jaensson, "Small firms' Internationalization for Development in Tanzania", *International Journal of Social Economics*, Vol. 31, No. 1, 2004.

Schu, Matthias, Dirk Morschett and Bernhard Swoboda, "Internationalization Speed of Online Retailers: A Resource-based Perspective on the Influence Factors", *Management International Review*, Vol. 56, No. 5, 2016.

Sen, Arun, Peter A. Dacin and Christos Pattichis, "Current trends in web data analysis", *Communications of the ACM*, Vol. 49, No. 11, 2006.

Sen, Shahana and Dawn Lerman, "Why are you Telling me This? An Examination Into Negative Consumer Reviews on the Web", *Journal of Interactive Marketing*, Vol. 21, No. 4, 2007.

Sheng Bi, Zhiying Liu and Khalid Usman, "The Influence of Online Information on Investing Decisions of Reward-Based Crowdfunding", *Journal of Business Research*, Vol. 27, 2017.

Singh, Nitish, Sandeep Krishnamurthy, Yadong Luo, John Hongxin Zhao and Jianjun Du, "The Internationalization Speed of E-commerce Companies: an Empirical Analysis", *International Marketing Review*, Vol. 22, No. 6, 2005.

Vahlne, Jan-Erik and Jan Johanson, "The Uppsala model: Networks and Micro-foundations", *Journal of International Business Studies*, Vol. 51, No. 1, 2020.

Van Akkeren, Jeanette K. and Angele LM Cavaye, "Why Australian Car Retailers do not Adopte Commerce Technologies", *AMCIS 2000 Proceedings*, No. 380, 2000.

Varian, Hal, "Economic Aspects of Personal Privacy", *White Paper*, 1996.

Vermeulen, Freek and Harry Barkema, "Pace, Rhythm and Scope: Process Dependence in Building a Profitable Multinational Corporation", *Strategic Management Journal*, Vol. 23, No. 7, 2002.

Wagner, Hardy, "Internationalization Speed and Cost Efficiency: Evidence from Germany", *International Business Review*, Vol. 13, No. 4, 2004.

Wang, T. and S. Jacobson, *How Healthcare Reform Impacts Digital Health*, Rock Health Website, 2015.

Wang, Yong and Pervaiz K. Ahmed, "The Moderating Effect of the Business Strategic Orientation on e Commerce Adoption: Evidence from UK Family run SMEs", *The Journal of Strategic Information Systems*, Vol. 18, No. 1, 2009.

Wang, Youwei, Shan Wang, Yulin Fang and Patrick YK Chau, "Store Survival in Online Marketplace: An Empirical Investigation", *Decision Support Systems*, Vol. 56, 2013.

Weyl, E. Glen, "A Price Theory of Multi-sided Platforms", *American Economic Review*, Vol. 100, No. 4, 2010.

Wright, Julian, "One-sided logic in two-sided Markets", *Review of Network Economics*, Vol. 3, No. 1, 2004.

Zain, Mohamed and Siew Imm Ng, "The Impacts of Network Relationships on SMEs' Internationalization Process", *Thunderbird International Business Review*, Vol. 48, No. 2, 2006.

Zhang, Dongsong, Lina Zhou, Juan Luo Kehoe and Isil Yakut Kilic, "What Online Reviewer Behaviors Really Matter? Effects of Verbal and Nonverbal Behaviors on Detection of Fake Online Reviews", *Journal of Management Information Systems*, Vol. 33, No. 2, 2016.

# 后 记

本书系中国社会科学院经济研究所创新工程项目"互联网新业态新组织模式研究"（2018—2020年）的成果，也是经济所微观经济学研究室团队长期跟踪互联网经济的阶段性总结。2017年，我们关于互联网经济的第一本著作《互联网＋医疗/教育：商业模式、竞争与监管》出版，并纳入中国社会科学出版社国家智库报告系列。三年来，我们继续跟踪互联网医疗新进展，深化了对这一业态的认识（见本书第二章）；同时将研究扩展到互联网众筹、跨境电子商务等新业态，并分析了中国互联网普及进程规律、互联网平台化新组织模式一般特征等，从而形成了"互联网新业态新组织模式"研究的整体图景。

本研究同时得到中国社会科学院创新工程重大科研规划项目"国家治理体系和治理能力现代化研究"（项目编号：2019ZDGH014；项目组长：高培勇）的资助。在此一并致谢！

本书写作分工：杜创负责第一章、第二章，王泽宇负责第三章、第四章，欧阳耀福负责第五章。

杜创（1978— ），安徽霍山人，现任中国社会科学院经济研究所微观经济学研究室主任、研究员，中国社会科学院大学教授、博士生导师，兼中国社会科学院公共政策研究中心副主任。北京大学经济学博士、斯坦福大学访问学者。主要研究方向包括产业组织、企业理论、互联网经济、中国医疗卫生体制改革等。在《经济研究》《中国社会科学》《世界经济》《经济学》（季刊）等期刊发表论文数十篇，出版《声誉、市场竞争与管制》《互联网＋医疗/教育：商业模式、竞争与监管》等专著3部。获得2018年度"中国社会科学出版社·经济研究所青年经济学者优秀论文奖"一等奖，中国社会科学院优秀对策信息对策研究类三等奖等奖项。

王泽宇（1982— ），天津人，中国社会科学院经济研究所副研究员，南开大学经济学博士，中国人民大学管理学博士后，香港中文大学研究助理、访问学者。研究领域为战略管理和数字经济。以第一或通讯作者身份在 Journal of Business Research，Asia Pacific Journal of Management 等英文期刊发表论文6篇，以第一或通讯作者在《中国工业经济》《统计研究》《财贸经济》《管理学报》等中文期刊发表论文10余篇。主持国家社科基金面上项目和省部级项目多项。

欧阳耀福（1991— ），江西萍乡人，中国社会科学院经济研究所助理研究员，对外经济贸易大学经济学博士，柏林自由大学访问学者。主要研究方向为产业组织理论、信任品市场、创新与绿色发展，在 International Journal of Industrial Organization，Energy Economics，Environmental and Resource Economics 等期刊发表论文数篇，获"中国社会科学出版社·经济研究所青年经济学者优秀论文奖"三等奖、优秀奖；主持中国社会科学院青年启动项目一项，参与国家发改委等省部级委托的政策研究项目多项。